Nele Süß

WEGE AUS DER NETTIGKEITSFALLE

Der ideale Ratgeber für schrecklich nette Menschen

W0399139

humboldt

INHALT

GELEITWORT

Liebe Leserinnen, liebe Leser,

ich erinnere mich noch sehr gut an einen Akquise-Termin bei einem Energieversorger, der mich mit einer Personalsuche beauftragen wollte. Da mich ein anderer Dienstleister empfohlen hatte, ahnte ich nichts Böses. Leider geriet ich ausgerechnet am ersten Tag meiner Selbstständigkeit an einen dickbäuchigen und selbstgefälligen Geschäftsführer des Grauens, der gleich bei der Begrüßung mein Standing testen wollte: „Herr Müller hat mir schon erzählt, was Sie die Stunde nehmen. Das sind ja Preise wie im Bordell!“

Na, das konnte ja heiter werden ...

Ich bekam einen hochroten Kopf, eiskalte feuchte Hände und wusste vor lauter Schreck so überhaupt nicht, wie ich reagieren sollte. Mein Hirn ratterte fieberhaft und suchte nach einer passenden Antwort, vor allem aber nach einem „Nein, mit einem wie Ihnen will ich nicht zusammenarbeiten!“
Damals liefen noch alle klassischen „Nein-sag-Verhinderer“ in mir zusammen: Höflichkeit, Nettigkeit und der Wunsch, von jedem Dödel gemocht zu werden. Selbst von Menschen, die ich ziemlich dämlich finde, so wie dieses wichtigtuerische Großmaul. Kurzum: Ich saß wie festgetackert in der Nettigkeitsfalle und fand bei diesem Termin auch nicht heraus. Bei meiner familiären Prägung war das allerdings auch kein Wunder, wurde ich doch im Wesentlichen von zwei Frauen geformt, die ständig zu allem „Ja“ sagten, selbst wenn sie „Nein“ meinten. Ihre Ja-Sager-Waagschalen waren randvoll mit sich selbst limitierenden Glaubenssätzen.
Meine Mutter war mit „Was sollen die Leute denken?!“, „Nur nicht unangenehm auffallen“ und „Der Klügere gibt nach“ groß gewor-

den, und ihre Mutter, also meine Oma, konnte keinem Klinkenputzer eine Kamelhaardecke, ein Zeitschriften-Abo oder einen Staubsauger abschlagen. Was dazu führte, dass diese Dinge bei uns nie Mangelware waren.
Dank meines Vaters – „Mir doch egal, was die Leute denken“ und „Man darf sich nix gefallen lassen!“ – hätte ich wenigstens zwei Gewichte in die andere Waagschale werfen können, was ich jedoch nur verschämt tat. Das lag daran, dass sich mein Vater mit dieser Haltung über kurz oder lang mit seinen Mitmenschen anzulegen pflegte und in der Nachbarschaft als kauziger Brausekopf galt. Er war für mich somit auch nicht das ideale Rollenmodell, da hielt ich mich lieber an mein harmoniefreudiges Frauen-Duo.
Hätte ich damals dieses Buch von Nele Süß schon gehabt, wären meine Waagschalen bereits viel früher ins Lot gekommen. Das Bild der Waagschale verdeutlicht sehr schön, dass beides möglich ist und irgendwie auch zusammengehört: freundlich sein und dennoch nein sagen können. „Freundliche Stärke“ nenne ich das inzwischen. Dieses Buch hilft Ihnen, Ihren Verhaltensmustern humorvoll auf die Schliche zu kommen und viele bekömmliche Gegengewichte in Ihre Nein-Waagschale zu werfen – ohne, dass Sie es sich mit anderen verscherzen.

Freuen Sie sich auf viele heitere Anekdoten, hilfreiche Metaphern, spannende Übungen und wertvolle Tipps!

Herzlichst

Sabine Dinkel
www.sabinedinkel.de

PS: Ich habe damals übrigens den Auftrag bekommen und wohlerzogen angenommen – schließlich wurde er wenigstens gut bezahlt. Gefreut habe ich mich darüber allerdings nicht, eher die Zähne zusammengebissen und durch. Eines hat mich diese Begebenheit jedenfalls gelehrt: Ich möchte nicht mehr von jedem gemocht werden. Schon gar nicht von einem schmierigen Businesskasper.

SCHÖN, DASS SIE HIER SIND!

Damit Sie wissen, mit wem Sie es hier zu tun haben und was mit diesem Buch auf Sie zukommt, starte ich erst mal mit einer kleinen Vorstellungsrunde und ein paar Erläuterungen für Sie – sozusagen zum Warmwerden!

Wer ich bin

Liebe Leserin, lieber Leser,

säßen Sie jetzt in einem meiner Workshops, würde ich Sie bitten, sich kurz vorzustellen und eine meiner gefürchteten Überraschungsfragen zu beantworten, und dann würden wir uns mithilfe einer geeigneten Methode näher kennenlernen, beispielsweise anhand von Symbolen oder Hashtags. Nun ist dies ein Buch, eine gegenseitige Vorstellung wird also schwierig. Da Sie jedoch im besten Fall in den kommenden Wochen viel Zeit mit mir verbringen werden, finde ich, dass Sie wissen sollten, mit wem Sie es zu tun haben (und wen Sie, zumindest in Gedanken, nervig finden können, falls Ihnen eine Übung zu blöd ist ...). Also lege ich jetzt einfach mal los – und wenn Sie mögen, schicken Sie mir eine Mail mit Ihrer Vorstellung. Ich würde mich sehr freuen, mit Ihnen in Kontakt zu treten!

Hier also meine drei Hashtags:

#eierlegendewollmilchsau: Weil ich sowohl beruflich als auch in meinen privaten Interessen so vielfältig bin, dass ich gar nicht alles so schnell aufzählen kann. Ich bin Pressereferentin, Coach, Kommunikationstrainerin, Seminarhausbesitzerin und nun auch noch Autorin – und ich liebe dieses bunte Leben!

#lebenaufdemlande: Das hätte ich als geborene Münchnerin wirklich nicht gedacht: dass ich, wenn ich mal groß bin, in einem Ort lebe, der aus vier Häusern besteht, und das einfach großartig finde (abgesehen vom miesen Internet). Aber wenn ich an meinem Küchentisch sitze und auf unser knapp zwei Hektar großes Grundstück schaue, alles Grün und Natur, dann weiß ich: Hier bin ich richtig.

#netzwerkerinausleidenschaft: Auf die Frage „Kennst du jemanden, der …?“ habe ich fast immer eine Antwort parat. Manchmal kenne ich die passenden Leute nur um drei Ecken, aber ich weiß immer, wen ich wofür ansprechen kann. Auch dieses Buch habe ich meiner Leidenschaft fürs Netzwerken zu verdanken: Ohne meine Freundin Maya wäre ich auf Facebook vermutlich nicht auf Sabine Dinkel gestoßen, mit der ich mich zuerst virtuell und dann ganz echt befreundet habe. Und die wiederum war so großartig (und vielleicht auch so verrückt), mich beim humboldt Verlag als Autorin zu empfehlen.

Für wen dieses Buch richtig ist

„Die neue Schule wird dir gefallen! Wenn du nett zu den anderen Kindern bist, werden sie dich auch mögen.“ Diese Sätze hörte ich vor einiger Zeit eher zufällig vor einer Grundschule. Gesagt wurden sie von einer besorgten Mutter, die ihr mindestens ebenso besorgtes Kind trösten wollte, das ganz offensichtlich Angst vor der neuen Situation oder vielleicht schlechte Erfahrungen auf seiner vorherigen Schule gemacht hatte. Ganz sicher waren die Worte gut gemeint – aber wie die Band „Kettcar“ in einem ihrer Songs so treffend singt: Das Gegenteil von gut ist gut gemeint. Denn was nimmt das kleine Mädchen nun mit in ihre neue Klasse zu ihren noch unbe-

> Das Gegenteil von gut ist gut gemeint.

kannten Mitschülern? Dass sie nur recht brav sein muss, damit die anderen sie lieb haben. Ein Glaubenssatz, den viele von uns – fast immer unbewusst – mit sich herumtragen. Oft ein Überbleibsel aus der Kindheit, vielleicht auch aus der Pubertät oder dem ersten Job.

Horchen Sie mal in sich rein: Kommt Ihnen der Satz irgendwie bekannt vor? Klingelt da etwas in Ihnen? Wenn ja, dann sind Sie hier und mit diesem Buch genau richtig – und haben damit einen prima Grundstein in Sachen Veränderung gelegt: weil Sie wahrgenommen haben, dass Ihnen etwas an Ihrem Verhalten nicht passt. Es ist etwa so wie mit einem Loch in Ihrer Lieblingsjeans: Solange Sie das Loch nicht wahrnehmen, können Sie es auch nicht stopfen. Sobald Sie es aber bemerkt haben, greifen Sie zu Nadel und Faden. Aber Obacht: Ein Loch in einer Hose zu stopfen, geht einigermaßen fix – Verhaltensveränderungen jedoch brauchen Zeit und viel Übung!

Wenn Sie erwarten, dass Sie nach dem Lesen dieses Buches ein neuer Mensch mit völlig neuen Verhaltensmustern sind, dann lesen Sie bitte nicht weiter, denn das wird nicht klappen. Und sollten Sie merken, dass die Problematik sehr tief sitzt und Sie nicht allein weiterkommen, dann holen Sie sich professionelle Hilfe. Das ist keine Schande! Um bei dem Beispiel mit der Jeans zu bleiben: Wenn das Loch zu groß ist, geben Sie die Hose ja auch zur Schneiderin und schmeißen sie nicht gleich weg – schließlich ist es Ihre Lieblingsjeans!

Wenn Sie bereit sind, viel über sich nachzudenken, aktiv mitzuarbeiten und auch mal über Ihren Schatten zu springen, dann ist dieses Buch genau richtig für Sie!

Was dieses Buch mit mir zu tun hat

Ich sage es ganz ehrlich: Auch ich tappe immer mal wieder in die Nettigkeitsfalle – und bin in der Vergangenheit manchmal auch ganz schön tief hineingefallen. Diesen inneren Zensor, der mir einflüstert, dass ich jetzt bloß die Klappe halten und ja nicht unhöflich werden soll, kenne ich recht gut. „Aber wie kann sie denn dann so ein Buch schreiben, wenn ihr das auch immer wieder passiert?“, fragen Sie sich jetzt vielleicht.

Genau deswegen! Weil ich weiß, wie ätzend es ist, sich zusammenzureißen, statt offen und ehrlich zu reagieren. Weil ich weiß, wie krank es einen machen kann, wenn man sich ständig verstellt, weil man jemandem auf Teufel komm raus alles recht machen will. Weil ich weiß, wie unangenehm es sich anfühlt, wenn man aus Nachsicht anderen gegenüber die Nachsicht sich selbst gegenüber vernachlässigt. Und weil ich auch weiß, wie es ist, wenn man dann irgendwann ausflippt und sämtliche Höflichkeitsregeln hinter sich lässt, weil es einfach nicht mehr geht. Bei mir ist dann „Grumpie in da house“, wie eine Freundin das mal genannt hat. All das ist nicht sehr förderlich – weder für die eigene Gesundheit noch für das Leben und Arbeiten mit anderen. Deswegen habe ich irgendwann beschlossen, dass es anders gehen muss.

Auch ich tappe immer mal wieder in die Nettigkeitsfalle – und genau deswegen habe ich dieses Buch geschrieben.

Was war mein Weg, um aus der Nettigkeitsfalle rauszukommen? Ich habe immer wieder in mich reingehorcht, mich und mein Verhalten reflektiert, Freunde um Rat gefragt, an meiner Kommunikation gearbeitet – und ganz viel hinterfragt: Warum handle ich jetzt genau so? Was für Muster haben sich da in mir verfestigt? Was steckt eigentlich hinter meinen Gedanken? Das war nicht immer einfach und hat auch nicht immer Spaß gemacht.

Heute kann ich sagen: Die Gelegenheiten, in die Nettigkeitsfalle zu tappen, sind natürlich immer noch in rauen Mengen vorhanden – aber ich falle entweder gar nicht mehr rein oder kann mich oft gerade noch am Rand festkrallen und mich wieder nach oben ziehen. Klar – ab und zu rausche ich noch mit Vollkaracho in die Tiefe. Vor allem in Situationen, die sehr komplex sind – dann brauche ich ein Weilchen, um mich wieder rauszuarbeiten, aber irgendwann gelingt es mir immer.

Also, noch mal: Warum ich dieses Buch schreibe? Weil ich nachvollziehen kann, wie es Ihnen gerade geht. Und weil ich weiß, dass es auch anders geht.

Was Sie in diesem Buch finden

Was werden Sie in diesem Buch finden? Viele Anregungen, Übungen, ein bisschen Theorie, persönliche Geschichten von mir und aus meinem Freundeskreis, Ermunterung, Ehrlichkeit, Wertschätzung. Was werden Sie in diesem Buch nicht finden? Ein Geheimrezept für die sofortige Totalverwandlung. Klar, das hätten wir alle gern – vom Ich-bin-immer-und-jederzeit-nett-Menschen in jemanden, der freundlich, aber bestimmt, herzlich, aber nicht unterwürfig ist und das auch noch ohne schlechtes Gewissen. Würde ich über diese Wahnsinnsrezeptur verfügen, hätte ich sie patentiert, in Tütchen gepackt, für viel Geld verkauft und würde gerade Mai-Tai schlürfend in einer Hängematte in der Karibik liegen. Stattdessen sitze ich in einem 200 Jahre alten Haus in Schleswig-Holstein und schreibe dieses Buch.

Ein Geheimrezept für die sofortige Totalverwandlung werden Sie in diesem Buch nicht finden, sonst läge ich längst in einer Hängematte in der Karibik.

Sie werden immer wieder Menschen begegnen, die Ihnen versprechen, dass sie Sie ganz easy und ohne großen Aufwand in einen neuen Menschen verwandeln können und dass sie den Weg für alle haben. Ich bitte Sie inständig: Suchen Sie dann ganz schnell das Weite, denn aus meiner Sicht kann so etwas keinesfalls funktionieren. Mich erinnern solche Versprechen immer an die fahrenden Händler aus dem Mittelalter, die ihren Kunden Fläschchen mit ominösem Inhalt als Mittel gegen alle möglichen Krankheiten andrehten – und dann war da nur eine völlig wirkungslose Flüssigkeit (oder Schlimmeres) drin.

Menschen sind nun mal unterschiedlich, und jeder muss seinen ganz eigenen Weg finden.

Deswegen ist dieses Buch auch keine Anleitung, die Sie 1:1 umsetzen sollen, sondern wie ein Workshop aufgebaut, den Sie nach und nach und in Ihrem Tempo absolvieren können. Das Ziel ist, dass Sie für sich die passenden Lösungen und den für Sie passenden Weg finden: mithilfe von Denkanstößen, unterschiedlichen Übungen und dem einen oder anderen aus dem Leben gegriffenen Beispiel. Das wird nicht immer leicht sein. Wären Veränderungen einfach, bräuchten Sie jemanden wie mich gar nicht – aber Veränderung ist ein Prozess, den Sie nur innerhalb Ihrer gerade gegebenen Möglichkeiten gehen können.

Und noch ein Versprechen

Und nun komme ich doch noch mit einem Versprechen um die Ecke. Nein, es ist nicht das Versprechen, dass alles gut wird, wenn Sie dieses Buch lesen und brav alle Übungen machen – da würde ich mich ja selbst ad absurdum führen. Ich gebe Ihnen aber die Hand darauf, dass Ihr Leben anders wird, wenn Sie sich anders verhalten. Viele warten darauf, dass sich endlich die Umwelt oder die Situation, in der sie sich befinden und die sie als unangenehm empfinden, ändert – und dass dann alles gut wird. Aus Erfahrung kann ich sagen: Vergessen Sie's! Immer, wenn ich für mich gemerkt habe: Das geht gerade nicht mehr, musste ich ganz aktiv etwas tun, um rauszukommen. Also, auf geht's!

EIN PAAR ANWENDUNGSTIPPS

Ehe Sie starten, möchte ich Ihnen ein paar Hinweise an die Hand geben, die Ihnen die Arbeit mit diesem Buch und an sich selbst erleichtern sollen. Mir ist es wichtig, dass Sie wissen, was in etwa auf Sie zukommt, denn, so leid es mir tut: Die Befreiung aus der Nettigkeitsfalle wird kein gemütlicher Spaziergang, sondern eine immer wieder mühsame und manchmal auch anstrengende Wanderung, die meistens bergauf geht. Aber: Wenn Sie oben angekommen sind, werden Sie sich großartig fühlen!

Einsicht? Reicht nicht!

Ich sagte es schon im vorigen Kapitel: Dieses Buch wird keinen neuen Menschen aus Ihnen machen – aber das muss auch gar nicht sein, denn ich bin sicher, es gibt viele Seiten, die Sie sehr gern an sich mögen. Sie hätten dieses Buch aber nicht gekauft, wenn alles fein wäre.

Die gute Nachricht ist: Veränderung ist möglich. Die vielleicht nicht ganz so gute Nachricht lautet: Veränderung gelingt nur durch Reflexion des eigenen Tuns und durch viel Üben. Das Lesen dieses Buches reicht also nicht aus, damit sich etwas bewegt – Sie müssen auch etwas dafür tun! Denn die Erkenntnisse müssen ihren Weg von der Theorie in die Praxis finden, sie müssen angewendet werden, und Sie müssen sie fühlen. Ohne Gefühle läuft nämlich nichts in Sachen Lernen – oder, wie es Christian Peter Dogs und Nina Poelchau in ihrem lesenswerten Buch „Gefühle sind keine Krankheit“ sehr treffend auf den Punkt bringen:

> *„Einsichten verändern kein Verhalten.*
> *Das funktioniert nur, wenn die Gefühle beteiligt sind.“*

Deswegen gibt es in jedem Kapitel Übungen, die Sie dazu anregen sollen, Ihren Verhaltensmustern auf die Spur zu kommen und sie aktiv zu verändern. Das ist nicht immer einfach, oftmals sogar sehr schwer – und wird sich auch manchmal erst einmal richtig bescheuert anfühlen. Aber da müssen Sie durch, sonst bleibt alles, wie es ist.

In jedem Kapitel gibt es Übungen, die Sie dazu anregen sollen, Ihren Verhaltensmustern auf die Spur zu kommen und sie aktiv zu verändern.

Unsere Komfortzone – alles andere als dauerhaft komfortabel

Was sich da so mies anfühlt, wenn Sie mal wieder in die Nettigkeitsfalle getappt sind, sind Ihre kleinen Wächter an der Schwelle von der Komfortzone zur Lern- und Wachstumszone. Ich habe Ihnen das mal auf Seite 16 aufgezeichnet, damit es leichter zu verstehen ist.

Sie befinden sich mit Ihrem üblichen Verhalten in der Komfortzone. Die Komfortzone heißt nicht etwa so, weil es dort immerzu wahnsinnig komfortabel ist, sondern weil wir uns dort in einem Bereich befinden, in dem wir uns auskennen. Hier fühlen wir uns sicher, denn alles ist vorhersehbar. Natürlich brauchen wir eine solche Zone unbedingt, um zur Ruhe zu kommen. Stellen Sie sich vor, Sie befänden sich ständig in der Lern- und Wachstumszone – da wären Sie ganz schön schnell mit den Nerven am Ende! Doch Veränderung ist in der Komfortzone niemals möglich.

Veränderung ist in der Komfortzone niemals möglich.

Ich gebe mal ein Beispiel für eine typische Szene aus meiner Komfortzone: Ich bin regelmäßig mit meiner Hündin Pippa in der Hundeschule. Dort gilt die Regel: Füttere nur deinen eigenen Hund. Niemals die Hunde der anderen mit Leckerli belohnen – und wenn sie dich noch so bedürftig ansehen! Eine frühere Mitteilnehmerin sah das anders, lächelte mich an, gab meinem Hund ein Leckerli und sagte: „Ich hab das jetzt einfach mal gemacht. Ist doch okay, oder?“ Pippa war natürlich glücklich, ich stinkig – gesagt habe ich aber nichts, um des lieben Friedens willen. Man will sich ja schließlich nicht streiten ... Ich bin also brav in meiner Komfortzone geblieben, die ich in diesem Fall auch in Harmoniezone hätte umbenennen können.

Wie hätte das Ganze ausgesehen, wenn ich mich da rausbewegt hätte? Ich hätte zu der anderen Teilnehmerin gesagt: „Nein, das ist nicht in Ordnung. Und ich möchte dich bitten, das nicht mehr zu machen.“ Was hätte ich riskiert? Klaro: vermutlich ihren Missmut. Wäre das schlimm gewesen? Ganz rational gesehen: Nein. Zum Kuckuck – es geht um ein Hundeleckerli! Und vielleicht hätte sie auch mit einem

„Okay, sorry!" geantwortet. Wer weiß? Ich bin aber nicht gegen meine Wächter angekommen. Diese fiesen kleinen Mistkerlchen haben mir eingeflüstert: „Sei mal lieber nett zu ihr, denn das gehört sich so. Wenn du nicht nett bist, dann hat sie dich nicht mehr lieb und redet vielleicht nicht mehr mit dir!"

Und so ist es ganz oft. Wir tragen eine große Angst mit uns herum, die uns einredet, niemand hätte uns mehr lieb, wenn wir mal nicht nett sind, wenn wir mal ehrlich und klar sind, wenn wir mal Nein sagen. Die Angst zensiert und bewacht uns und hält uns davon ab, den Schritt raus aus der Komfortzone zu machen, denn wer weiß, vielleicht ist es da draußen noch viel blöder als in unserer Blase, in der es zwar irgendwie auch doof ist, aber es könnte ja noch doofer werden. Veränderung ist also nichts, was sich von Anfang an gut anfühlt. Anatole France, ein französischer Schriftsteller, hat das mal so ausgedrückt:

Wir tragen eine große Angst mit uns herum, die uns einredet, niemand hätte uns mehr lieb, wenn wir mal nicht nett sind.

„Allen Veränderungen, selbst jenen, die wir ersehnt haben, haftet etwas Melancholisches an; denn wir lassen einen Teil von uns selbst zurück; wir müssen ein Leben sterben, ehe wir ein anderes beginnen können."

Vom Risiko, auch mal nicht gemocht zu werden

Ich will es nicht verhehlen: Natürlich gehen Sie mit der Entscheidung, nicht mehr zu jedem lieb und nett zu sein, ein Risiko ein. Die Menschen in Ihrem Umfeld werden irritiert bis missmutig reagieren – schließlich funktionieren Sie nicht mehr so, wie es dem einen oder anderen immer so gut gepasst hat. Sie sind nicht mehr berechenbar. Sie sagen auf einmal Ihre Meinung. Sie schwimmen nicht mehr mit dem Strom.

Der Kollege, der immer auf den letzten Drücker seine unerledigten Aufgaben bei Ihnen abgeladen hat, muss seinen Kram in Zukunft selbst machen. Die Nachbarin, die immer Ihre Katze gefüttert, dabei aber auch die ganze Bude durchstöbert hat, wird ihrer Neugier auf einmal nicht mehr nachgehen können. Die Freundin, der Sie immer bei Ihrer ewigen Lamentiererei zugehört und sie mit zusammengebissenen Zähnen in ihrer Alle-sind-ungerecht-zu-mir-Haltung unterstützt haben, wird ab sofort kein Gehör mehr bei Ihnen finden. Die Kollegin, die immer Ihre Ideen geklaut und als ihre eigenen verkauft hat, wird in Zukunft selbst denken müssen. Das wird nicht auf Begeisterung stoßen.

Aber es hilft nichts: Auf dem Weg zu sich selbst werden Sie die Zuneigung des einen oder anderen Mitmenschen verlieren. Allerdings sind das fast immer diejenigen, die Ihnen zu viel Kraft geraubt und nichts zurückgegeben haben – so ist zumindest meine Erfahrung. Hinter all dem Verlust steckt also letztlich ein ganz großer Gewinn: mehr Freiraum, mehr Zeit, mehr Man-selbst-Sein, weniger Ärger – und vielleicht der eine oder andere neue Freund, denn Menschen, die authentisch sind und für sich einstehen, sind ausgesprochen attraktiv. Mit diesem Ziel vor Augen werden Sie auch doofe Phasen überstehen.

MUSIK HÖREN GEGEN DEN FRUST

Wenn's mal zwischendurch nicht so gut läuft, dann machen Sie was Schönes, zum Beispiel laut Musik hören – besonders empfehlen kann ich den Song „Sowieso" von Mark Forster. Singen Sie die folgenden Zeilen mit möglichst viel Inbrunst und möglichst wenig Rücksicht auf Mitbewohner oder Nachbarn mit:

„Egal was kommt,
es wird gut, sowieso,
Immer geht 'ne neue
Tür auf, irgendwo.
Auch wenn's grad nicht
so läuft, wie gewohnt.
Egal, es wird gut, sowieso."

Wie Sie mit diesem Buch arbeiten

Dieses Buch ist aufgebaut wie ein Workshop. Natürlich können und sollen Sie auch mal neugierig darin blättern, damit Sie wissen, was noch so auf Sie zukommt. Vielleicht springt Sie auch ein Kapitel ganz besonders an, so dass Sie es zuerst lesen müssen. Ich empfehle jedoch, die Übungen in der vorgegebenen Reihenfolge zu machen. Sie bauen aufeinander auf, und mir ist es wichtig, dass Sie sich nicht gleich mit den etwas schwereren Übungen aus dem hinteren Teil des Buches überfordern und es dann genervt in die Ecke pfeffern. Starten Sie lieber langsam und behutsam – dann haben Sie gleich am Anfang das eine oder andere Erfolgserlebnis, und die Wahrscheinlichkeit, dass Sie dranbleiben, ist viel höher.

Ich möchte Sie außerdem bitten, die Übungen nicht nur im Kopf zu machen, sondern Ihre Ergebnisse auch schriftlich festzuhalten – und zwar handschriftlich. Aktuelle Forschungsergebnisse zeigen, dass es sehr förderlich für die Konzentration und die Verbindung von Körper und Geist ist, wenn mit der Hand geschrieben wird. Es gibt sogar Studien, die nahelegen, dass Lernstoff besser behalten wird, wenn er mit der Hand niedergeschrieben wird. Das Schreiben mit der Hand aktiviert sehr viel mehr Hirnareale als das Tippen auf Rechner, Tablet oder Smartphone. Natürlich kann ich Ihnen nicht vorschreiben, wie und auf welchem Medium Sie Ihre Gedanken zusammentragen, ich würde mich aber freuen, wenn Sie sich trotz Rundumdigitalisierung Stift und Papier schnappen und dieser ganz und gar analogen Form eine Chance geben würden.

> Machen Sie die Übungen nicht nur im Kopf, sondern halten Sie Ihre Ergebnisse auch schriftlich fest.

Ich persönlich stehe auf schöne Notizbücher. Mit gutem Papier und buntem Einband, der sich gut anfühlt. Gleiches gilt für meine Schreibutensilien – sie müssen gut in der Hand liegen und dürfen nicht zu sehr übers Papier kratzen. Ja, ich gebe es zu: Da bin ich ein echter Nerd. Das heißt ja nicht, dass Sie sich diesem Spleen anschließen müssen. Wenn es für Sie auch eine alte Kladde tut oder eine Loseblattsammlung, die Sie in einem Ordner zusammentragen, oder die Rückseiten alter Ausdrucke und dazu irgendein Werbekugelschreiber – wunderbar! Generell würde ich allerdings dazu raten, kein zu kleines Format zu nehmen – nutzen Sie mindestens DIN A5, vielleicht sogar DIN A4. Und, ganz wichtig: Lassen Sie bitte Platz bei allem, was Sie notieren – für weitere Gedanken, Ergänzungen und Anmerkungen. Also nicht alles futzelklein untereinander schreiben, sondern ruhig großzügig arbeiten.

Suchen Sie sich außerdem einen Ort, an dem Sie ungestört Ihren Gedanken nachhängen können und an dem nicht alle naselang jemand vorbeikommt und etwas von Ihnen will. Vielleicht haben Sie einen Lieblingsplatz, an dem Sie es besonders muckelig haben?

Bei mir ist es unser Küchensofa, von dem aus ich einen wunderbaren Blick in die Natur habe. Außerdem ist die Kaffeemaschine nicht weit entfernt, und im besten Fall liegen unser Hund unter und die Katzen mit auf dem Sofa – herrlich! Wenn ich nicht gestört werden will, setze ich mir außerdem meine Kopfhörer auf, die die Außengeräusche auf ein Minimum reduzieren – eine ganz großartige Erfindung, diese Noise-Cancelling-Dinger. Ich habe manchmal nicht mal Musik an, sondern setze sie einfach auf, um meine Ruhe zu haben. Dann kann mein Mann trotzdem in der Küche rumwurschteln, und ich bin nicht genervt davon.

> Suchen Sie sich einen Ort, an dem Sie ungestört Ihren Gedanken nachhängen können.

Dieses Muckelig-Machen hört sich vielleicht für manche merkwürdig an – schließlich ist das hier ein Arbeitsbuch, ein Workshop für daheim. Da darf es doch nicht zu gemütlich zugehen! Und ich sage: Doch! Das muss es sogar. Es ist so toll, dass Sie sich Zeit für sich selbst nehmen und etwas angehen, was nicht ganz einfach ist. Da ist es ganz wichtig, dass Sie sich eine Atmosphäre schaffen, in der Sie sich wohlfühlen. Das hat auch etwas mit dem wertschätzenden Umgang mit sich selbst zu tun. Stellen Sie sich einfach vor, Sie wären Ihre beste Freundin – die würden Sie zu einem intensiven Gespräch über ein aktuelles Problem ja auch nicht vor sich auf den Schreibtischstuhl tackern.

Ein weiterer Hinweis, der sich auf den ersten Blick irritierend anhören könnte: Machen Sie mit sich selbst Termine aus. Klingt schräg, aber seien wir mal ehrlich: Wie oft haben Sie sich in den letzten Monaten Zeit genommen, um über sich selbst nachzudenken? Und zwar nicht nur so nebenbei, sondern ganz gezielt? Genau – wenig bis gar nicht. Deswegen mein Tipp: Tragen Sie sich im Kalender Zeiten ein, in denen Sie sich diesem Buch widmen wollen. Das heißt nicht, dass Sie das unter allen Umständen einhalten müssen. Es gibt Tage, da gerät alles durcheinander, oder Ihr Hirn mag nicht so, wie Sie es wollen – dann schieben Sie die Verabredung mit sich selbst auf einen anderen Zeitpunkt.

Für alle, die Kinder haben, ist diese Hürde sicher eine der höchsten – sich aus dem regen Familienleben rauszuziehen und etwas nur für sich zu machen, ist oft eine große Herausforderung und nicht immer machbar. Vielleicht haben Sie ja die Möglichkeit, sich mit Ihrem Partner abzusprechen oder die Kinder einmal in der Woche an die (Schwieger-)Eltern abzugeben – und wehe, Sie putzen dann in dieser Zeit die Fenster, weil's gar so schön ruhig ist!

Sich Freiräume für sich selbst zu schaffen, ist aber auch ohne Kinder nicht immer einfach – schnell plagt uns das schlechte Gewissen, vielleicht werfen Sie sich sogar Egoismus vor. Aber denken Sie immer daran: Ziel ist, dass es Ihnen auf Dauer besser geht. Dass es Ihnen gelingt, aus dem Nettigkeits-Hamsterrad auszubrechen. Und wenn es Ihnen besser geht, wenn Sie mit sich selbst im Reinen sind, kommt das auch Ihrem Umfeld zugute.

> Sich Freiräume für sich selbst zu schaffen, ist nicht immer einfach – schnell plagt uns das schlechte Gewissen.

Und bitte: Hetzen Sie nicht durch dieses Buch. Ärgern Sie sich nicht, wenn Sie nicht so schnell vorankommen, wie Sie es sich vorgestellt haben. Jeder hat sein eigenes Tempo – Sie bestimmen, wann es wie weitergeht. Vielleicht verharren Sie an einem Punkt etwas länger oder beißen sich auch mal an einer Aufgabe fest – das ist völlig in Ordnung und normal. Gleiches gilt für Rückschläge, die vorkommen werden. In der Achtsamkeitspraxis gibt es den Begriff „Anfängergeist". Gemeint ist damit eine bestimmte Haltung, die es jedem erlaubt, jede Situation immer wieder ganz neu zu betrachten und nicht in der Vergangenheit zu verharren, sondern ganz im Hier und Jetzt zu verweilen. Was sich ein klein wenig esoterisch anhört, ist unheimlich hilfreich für den Alltag, denn: Es geht nicht darum, ob Sie diese und jene Aufgabe schon erfüllt haben, sondern darum, immer wieder neu zu beginnen und sich nicht über Vergangenes zu ärgern.

Wenn ein Tag blöd gelaufen ist und ich quasi nichts von dem geschafft habe, was ich mir vorgenommen habe, sage ich mir mittlerweile immer: Morgen ist ein ganz neuer, frischgewaschener Tag, an dem ich neu anpacken kann – und wenn ich es dann geschafft habe, endlich mal wieder zu meditieren oder Yoga zu machen, freue ich mich darüber und habe wieder einen guten Anknüpfungspunkt gefunden. Das heißt für Sie: Wenn Sie mal nicht dazu gekommen sind, sich Zeit für sich zu nehmen und eine Aufgabe zu bearbeiten, dann ist das so. Lassen Sie sich nicht von dem Gedanken „Ach, dann bringt das ja eh nichts, wenn ich da nicht jeden Tag dran arbeite" in die Flucht schlagen.

Wenn ein Tag blöd gelaufen ist, sage ich mir immer: Morgen ist ein ganz neuer Tag, an dem ich neu anpacken kann.

Seien Sie auch mal rebellisch!

In meinen Workshops freue ich mich immer, wenn Teilnehmer auch mal anderer Meinung sind als ich – das macht die gemeinsame Arbeit erst richtig spannend. Das heißt für Sie: Sie müssen nicht mit allem übereinstimmen, was in diesem Buch steht. Seien Sie auch mal rebellisch, überblättern Sie Seiten, schreiben Sie auch mal „So ein

Quatsch!" neben den Text, wenn Sie damit nicht einverstanden sind. Das ist okay – und nein, ich merke das nicht. Abgesehen davon: Sie sollen ja üben, auch mal nicht nett zu sein, deswegen befürworte ich das ganz ausdrücklich!

Ich hoffe aber sehr, dass Sie auch viel lachen beim Lesen. Lachen entspannt, es hilft uns, mehr Leichtigkeit in unser Leben zu bringen – und: Wer lacht, kann sich nicht ausschimpfen. Seien Sie bitte wertschätzend mit sich selbst und nicht allzu streng.

Die 72-Stunden-Regel

Als sehr hilfreich für alles, was ich neu anpacken möchte, empfinde ich die 72-Stunden-Regel. Kennen Sie nicht? Macht nichts – sie war auch für mich eine Neuentdeckung, die ich nun nicht mehr missen möchte. Sie besagt: Wenn Sie sich etwas vornehmen, unternehmen Sie den ersten Schritt in Richtung Ziel unbedingt innerhalb von 72 Stunden. Damit erhöhen Sie die Chance, das Ziel auch zu erreichen, ganz wesentlich.

Es gibt sogar Untersuchungen, die sagen, dass 99 Prozent aller Vorhaben, die nicht innerhalb dieser Frist angepackt werden, nicht umgesetzt werden. Sie könnten nun natürlich den Kauf dieses Buches als ersten Schritt ansehen – aber damit kommen Sie mir nicht durch, denn so ein Buch landet (genauso wie beispielsweise die Joggingschuhe oder die Yogamatte oder ...) ganz fix in einer Ecke und ist damit aus den Augen, aus dem Sinn. Deswegen starten wir gleich mal mit der ersten Übung.

Übung: Die ersten drei Schritte

Überlegen Sie sich, was Ihre ersten drei Schritte sein werden, die Sie in Sachen „Raus aus der Nettigkeitsfalle" unternehmen werden. Schnappen Sie sich Stift und Papier und legen Sie los! Es müssen gar keine großen Schritte sein – so etwas wie „ein Notizbuch kaufen" oder „mir einen muckeligen Platz für die Arbeit an und mit mir selbst suchen" zählen auch.

WIE VERÄNDERUNG MÖGLICH IST: SCHRITT FÜR SCHRITT

In ihrem Buch „Das große Los“ beschreibt die Journalistin Meike Winnemuth, wie sie sich während einer großen Reise verändert hat. Ein zauberhaftes Buch mit vielen tollen Erkenntnissen und Hinweisen. Einen davon will ich Ihnen mitgeben: „das Vorübergehende zu lieben. Mehr ‚estar‘, weniger ‚ser‘.“ Was sie damit meint? Im Spanischen gibt es zwei Worte für „sein“: „Ser“ wird für etwas Unabänderliches verwendet, „estar“ für einen vorübergehenden Zustand. Rufen Sie sich das immer mal wieder in Erinnerung: dass „die Dinge nicht immer so sind, wie sie sind, sondern halt nur zurzeit“.

Der Wille als Anschubser

Sie kennen das bestimmt: Sie haben sich beispielsweise vorgenommen, ab sofort mindestens dreimal die Woche laufen zu gehen, weniger Süßigkeiten zu essen, sich jeden Tag einen Salat zu machen oder mehr Obst zu essen. Nach spätestens einer Woche fallen Sie aber ganz fix wieder in Ihre alten Gewohnheiten zurück. Die Pizza schmeckt einfach zu gut, draußen ist es viel zu nass zum Joggen, das Obst war irgendwann alle ... Nichts war's also mit dem neuen Gesundheitsplan – und das, obwohl Sie es sich doch so fest vorgenommen hatten und obwohl es Ihnen da oben im Kopf doch völlig klar war und ist, dass all die guten Vorsätze Ihnen und Ihrem Körper doch so guttun würden. Und nun fragen Sie sich vielleicht: Wenn das schon nicht gelingt, wie soll denn dann aus Mrs. oder Mr. Ewig-Nett jemand anderes werden? Wie soll es Ihnen gelingen, sich in Situationen, die so viel wichtiger sind als die Frage „Pizza oder Salat?", anders als gewohnt zu verhalten? Die Antwort: Mit Geduld. Denn: Eine solche Veränderung geht nur Schritt für Schritt. Mit der richtigen Strategie und viiieel Übung.

„Uff, hört sich anstrengend an", denken Sie jetzt vielleicht – und ich kann Ihnen nur antworten: „Ja. Aber anders wird nichts draus." Nur das Wollen, nur der Entschluss zur Veränderung reicht leider einfach nicht aus. Und bitte, glauben Sie keinem, der Ihnen sagt: „Du musst nur wollen." Klar, der Wille muss da sein – er ist sozusagen der Anschubser, der Sie schon mal in die richtige Richtung bugsiert – aber dann wird's schwierig.

Warum? Ich beschreibe das mal an einem Beispiel: Stellen Sie sich vor, Sie betreten einen herrlichen, dicht bewachsenen Wald. Welchen Weg nehmen Sie? Wahrscheinlich wählen Sie den bereits vorhandenen, bereits etwas ausgetretenen Pfad. Warum machen Sie das? Warum gehen Sie nicht mittendurch, über Stock und Stein, mitten durchs Dickicht? Weil es doch viel einfacher ist, den bereits vorhandenen Weg zu nehmen. Weil die Gefahr, dass Sie sich verlaufen, nicht mehr zurückfinden oder sich den Fuß verstauchen, viel größer ist, wenn Sie vom Weg abweichen. Ihr Gehirn funktioniert genauso: Es wählt immer erst mal den einfachsten Weg, und das ist der, den es kennt.

> Das Gehirn wählt immer erst mal den einfachsten Weg, und das ist der, den es kennt.

Unser Gehirn mag Veränderung nicht, denn es ist darauf trainiert, uns das Überleben zu sichern – und wo überlebt es sich besser als dort, wo wir uns auskennen? Dafür hat dieses System unzählige Verhaltensmuster angelegt, die es im passenden Moment abspielt – und zwar ohne mit uns Rücksprache zu halten, das freche Ding! Diese unbewussten Abläufe sind sehr oft sehr praktisch, zum Beispiel beim Auto- oder Radfahren, Duschen und Einkaufen. Stellen Sie sich vor, Sie müssten jedes Mal überlegen, wie das noch mal geht mit dem Haarewaschen oder dem Schalten vom ersten in den zweiten Gang. Da wären Sie ganz schön beschäftigt.

Diese Automatismen sorgen aber eben auch dafür, dass Veränderungen nicht so einfach zu vollziehen sind. Unser Gehirn ist außerdem darauf aus, sehr energiesparend zu arbeiten, damit für Notfälle ausreichend Energie da ist – deswegen liebt es klare Abläufe. Zusammengefasst heißt das also: Nur weil wir uns einen neuen Weg durch das Dickicht im Gehirn bahnen wollen, tut sich nicht durch Zauberhand auf einmal ein Weg auf.

Das Gehirn mit kleinen Schritten überlisten

Was bedeutet das nun für Sie und Ihren Veränderungswillen? Dass das Gehirn sich erst mal sträubt, weil es für neue Verhaltensweisen noch gar keinen Weg angelegt und absolut keinen Bock hat, diese Anstrengung auf sich zu nehmen. Wie können Sie es trotzdem schaffen? Indem Sie klein anfangen. Bleiben wir mal bei dem Bild des Waldes: Verschaffen Sie sich erst einmal einen Überblick über die Beschaffenheit des Ortes. Wo ist das Dickicht vielleicht etwas leichter zu durchdringen? An welchen Stellen kommen Sie leichter voran? Wo sind die Erfolgsaussichten, dass Sie ohne größere Blessuren durchkommen, am besten?

Wenn Sie eine passende Stelle gefunden haben, schneiden Sie sich den Weg erst mal mit einer kleinen Rosenschere frei und nehmen nicht gleich die Motorsäge, die Ihnen beim ersten Versuch um die Ohren fliegt. Ein paar Meter reichen auch schon, Sie müssen sich nicht gleich durch den kompletten Wald arbeiten.

Übersetzt für Ihren Veränderungswillen heißt das: Nehmen Sie sich für Ihre neue Verhaltensweise nicht gleich die schwierigste Situation vor, sondern eine vergleichsweise einfache. Eine, bei der Sie nicht gleich schweres Geschütz auffahren müssen. Die Sie ohne große Anstrengung hinbekommen. Dann steigern Sie sich nach und nach – und bahnen sich so Stück für Stück einen Weg durch Ihr widerspenstiges Gehirn und legen einen neuen Weg an, den Sie nach einiger Zeit ganz einfach und ohne Mühen nehmen können.

Nehmen Sie sich für Ihre neue Verhaltensweise nicht gleich die schwierigste Situation vor, sondern eine einfache.

Vielleicht denken Sie jetzt: „Aber dann dauert das ja ewig, wenn ich nur in Trippelschritten vorangehe!“ Da kann ich Ihnen nur recht geben – und gerade weil ich selbst ein so ungeduldiger Mensch bin und am liebsten immer alles sofort umsetzen will, kann ich diesen Gedanken sehr gut verstehen. Dennoch, die Vorteile dieses stückchenweisen Vorgehens überwiegen:

Erstens brauchen Sie weniger Kraft dafür und halten länger durch. Der Weg hin zum freundlichen, sich klar äußernden Menschen ist nun mal keine Sprintstrecke, sondern eine Langstrecke mit Höhen und Tiefen. Zweitens löst Ihr Gehirn nicht gleich Großalarm aus. Im Wald merkt der Förster auch nicht gleich, wenn Sie irgendwo ein Zweiglein abgebrochen haben, um sich den Weg zu erleichtern. Drittens werden Sie weniger schnell entmutigt, was Ihre Chancen auf eine dauerhafte Veränderung deutlich steigert. Und viertens: Sie können sich an jedem kleinen Schritt erfreuen – und diese positiven Gefühle sind sehr wichtig. Denn sie sorgen dafür, dass sie die Veränderung wirklich spüren und nicht nur rational in Ihrem Kopf wahrnehmen.

Die Bedeutung positiver Gefühle für den Erfolg

Ganz wichtig, gerade in schwierigen Phasen, in denen Sie den Plan mit dem Weniger-nett-Sein vielleicht wieder aufgeben wollen: Unterstützen Sie Ihr Gehirn darin, Ihre Erfolge und die damit verknüpften positiven Gefühle wahrzunehmen und abzuspeichern, denn auch darin ist es leider entsetzlich schlecht. Unter anderem dafür haben Sie Ihr Notizbuch. Darin notieren Sie bitte jede Situation, die erfolgreich war, denn: Ihr Gehirn wird Ihnen immer erst mal die Situationen vor Augen führen, in denen Sie in Ihr gewohntes Verhalten zurückgefallen sind und in denen Sie sich über sich selbst geärgert haben.

Auch das ist – und das finde ich immer ungemein beruhigend, weil es nicht an uns, sondern in unserer Natur liegt – evolutionär bedingt. Dafür können wir gar nichts, denn unser Gehirn ist es gewohnt, in Katastrophen zu denken, schließlich hat der Mensch früher in erster Linie überlebt, weil sein Gehirn ihn auf mögliche Gefahren aufmerksam gemacht hat, also etwa Hunger, Kälte oder den Säbelzahntiger, der plötzlich um die Ecke kam. Da war der Urzeitmensch auf einen Schlag hellwach. Positive Gefühle wurden damals eher im Vorbeigehen wahrgenommen, weil sie unsere Vorfahren eben nicht vor dem Tod bewahrt haben.

> Unterstützen Sie Ihr Gehirn darin, Ihre Erfolge und die damit verknüpften positiven Gefühle wahrzunehmen und abzuspeichern.

Der amerikanische Sozialpsychologe Martin Seligmann hat den Begriff „katastrophisches Gehirn“ geprägt. Das bedeutet vereinfacht gesagt, dass unser Gehirn mehr negative als positive Dinge wahrnimmt. Dieses Programm greift noch heute in unserem Kopf. Beobachten Sie sich mal im Alltag: Wenn etwas nicht funktioniert, sind Sie mit voller Aufmerksamkeit dabei. Wenn etwas reibungslos klappt, sind Sie vielleicht erstaunt, aber freuen Sie sich darüber? Wenn überhaupt, dann wahrscheinlich zu selten – gute Gefühle gleiten an uns ab wie ein Spiegelei an einer gut beschichteten Pfanne. Schwupps, weg! Die schlechten Gefühle kleben dafür an uns wie fiese Kletten.

Dazu kommt, dass viele von uns immer noch den alten Spruch „Eigenlob stinkt“ verinnerlicht haben, den ich für eine der größten Blödheiten überhaupt halte. Demnach dürften wir also auf alle anderen stolz sein, nur nicht auf uns selbst? Wie bitte soll denn dann innere Kraft entstehen? Wie sollen Sie sich selbst motivieren auf Ihrem Weg?

Man stelle sich das mal vor: Wenn es danach ginge, müssten Sie bei jedem kleinen Erfolg jemanden aus Ihrem Umfeld bitten, Ihnen auf die Schulter zu klopfen und „Gut gemacht!“ zu sagen. Nee, nee, nee – das übernehmen Sie bitte schön selbst: Indem Sie ab jetzt wirklich jeden kleinen Erfolg notieren und sich darüber freuen. Vielleicht finden Sie sogar ein Signalwort für sich, das Sie sich selbst sagen, wenn Sie erfolgreich nicht nett waren. Klappt bei Hunden ja auch hervorragend und hilft dabei, die neue Verhaltensweise besser im Gehirn zu verankern – es muss ja nicht „Fein gemacht!“ sein (wobei: Ich fände das recht amüsant!).

Übung: Erfolge würdigen

Halten Sie ab sofort jeden Erfolg ganz bewusst in Ihrem Notizbuch fest. Stichworte reichen, z. B.: „Nachbarin stinkenden Müll vor der Tür stehen lassen, diesmal aktiv auf Nachbarin zugegangen und sie gebeten, ihn immer sofort zu entsorgen und nicht stillschweigend die Tüte zum Müll getragen, stolz auf mich gewesen.“

Zusätzlich tun Sie bitte noch Folgendes: Wenn es Ihnen gelungen ist, aus der Nettigkeitsfalle auszubrechen, klopfen Sie sich selbst auf die Schulter – und zwar nicht nur in Gedanken, sondern wirklich – links UND rechts! Ja, Sie werden sich dabei ein wenig bekloppt vorkommen, aber glauben Sie mir: Es wird Ihnen guttun!

Sie müssen das ja nicht in der Öffentlichkeit machen. Das geht auch daheim oder in der Klokabine. Machen Sie das wirklich ganz bewusst! Ich verspreche Ihnen, dass Sie nicht vor Selbstlob stinken werden, sondern dass Sie das auf Dauer sehr zufrieden machen wird.

Wahrscheinlich wird es Ihnen am Anfang schwerfallen, sich auf die guten Gefühle zu konzentrieren – aber genau die brauchen Sie ganz dringend, um dazuzulernen. Und nichts anderes ist es, was Sie vorhaben: Sie werden neue Verhaltensweisen lernen.

Denken Sie mal an Ihre Schulzeit zurück: Wann sind Sie richtig gern in den Unterricht gegangen und konnten sich den Lernstoff besonders gut merken? Wenn Sie mit Spaß an ihn herangeführt wurden und Erfolgserlebnisse hatten. Dann tanzen die Synapsen in unserem Hirn, der Körper schüttet das Glückshormon Dopamin aus und sorgt dafür, dass unser Gehirn besser funktioniert. Quasi ein Glückskreislauf, der bewirkt, dass wir uns von Erfolgserlebnis zu Erfolgserlebnis hangeln können.

Genau diesen Effekt machen Sie sich beim Erlernen neuer Verhaltensweisen auch zunutze. Das kann sich ab und zu etwas absurd anfühlen – einerseits werden Sie sich unwohl fühlen, weil Sie gerade zu jemandem nicht nett waren, andererseits werden Sie sich freuen (oder es zumindest versuchen!), weil Ihnen genau das gelungen ist. Aus eigener Erfahrung kann ich sagen: Die guten Gefühle sind von längerer Dauer!

Die Neuroplastizität des Gehirns

Nein, keine Sorge – ich halte Ihnen jetzt keinen neuropsychologischen Vortrag. Ich will Ihnen aber einmal kurz und ohne wissenschaftliches Geschwurbel erklären, warum Veränderung wirklich und tatsächlich und ganz ehrlich möglich ist, auch bis ins hohe Alter. Lange Zeit war man diesbezüglich ganz anderer Meinung – frei nach dem Motto „Was Hänschen nicht lernt, lernt Hans nimmermehr." Das ist Quatsch. Gerald Hüther, ein ganz wunderbarer, schlauer und humorvoller Neurowissenschaftler, hat das mal so formuliert: Auch ein 80-Jähriger kann noch Chinesisch lernen,

Mit dem richtigen Ansporn geht alles!

wenn er sich in eine Chinesin verliebt hat. Mit dem richtigen Ansporn geht alles!

Klar – der in die Jahre gekommene Hans braucht manchmal vielleicht ein bisschen länger, um Neues zu verinnerlichen, aber dass die Entwicklung und Formung des Gehirns mit dem Erwachsensein abgeschlossen ist, ist heute hinreichend widerlegt.

Man kann den Menschen ja – und das ist etwas, was mich wirklich begeistert – heute mit lauter schicken Methoden in den Kopf gucken und genau sehen, wie sich bestimmte Bereiche im Gehirn verändern oder welche Bereiche in welchem Moment aktiviert sind. Und so hat man entdeckt, dass die Neuronen – unsere Nervenzellen – sehr eng vernetzt sind und diese Vernetzungen (sprich: Wege) sich der jeweiligen Situation anpassen.

Das machen sie natürlich nicht auf Befehl und auch nicht innerhalb von Sekunden, sondern – tadaaa! – nur dann, wenn sie entsprechend trainiert werden. Vielleicht haben Sie mal ein Musikinstrument erlernt – dann wissen Sie, dass so etwas Übung, also Training, benötigt. Ganz wichtig ist aber: Ihr Gehirn braucht den richtigen Ansporn. Ohne Begeisterung für das, was Sie erlernen wollen, geht nun mal nichts oder zumindest nicht viel.

Stellen Sie sich vor, jemand drückt Ihnen eine Blockflöte in die Hand und sagt Ihnen, dass Sie in zehn Tagen eine Prüfung haben und bis dahin „Oh du fröhliche“ draufhaben müssen. Nun finden Sie Blockflötenmusik ganz schaurig. Wie groß wäre Ihre Motivation wohl, dieses Instrument zu lernen? Genau: Eher nicht so. Deswegen werden Sie den Prüfern auch eher etwas vorquietschen als vorflöten (wenn überhaupt). Nun stellen Sie sich vor, Sie wären von Kindesbeinen an der größte Blockflötenfan ever gewesen, hätten aber nie die Gelegenheit gehabt, Musikunterricht zu nehmen – dann werden Sie das Stück in Nullkommanichts erlernt haben und in Zukunft jede Familienfeier mit exquisiten musikalischen Beiträgen bereichern.

HIRNFORSCHUNG ZUM WEITERLESEN

Wenn ich Sie neugierig gemacht habe auf das Thema „Lernen mit Begeisterung", empfehle ich Ihnen unbedingt, sich den einen oder anderen Vortrag von Gerald Hüther anzusehen. Einfach mal bei Youtube schauen – da werden Sie in jedem Fall fündig. Auch seine Bücher lohnen sich unbedingt, beispielsweise „Was wir sind und was wir sein könnten. Ein neurobiologischer Mutmacher" – das habe ich verschlungen, als wäre es der neueste Krimi von Jo Nesbø.

Wir sind also in der Lage, unser Gehirn entsprechend den Anforderungen zu verändern. Ihre Daueraufgabe in den nächsten Wochen ist also, sich und Ihr wunderbares Gehirn ordentlich anzuspornen und auch herauszufordern, denn auch an einer gut gewählten Herausforderung wachsen wir. Nach und nach wird sich Ihr Gehirn die neuen Verhaltensweisen einprägen und entsprechend neue Wege anlegen.

Auch hier noch mal der Hinweis: Haben Sie Geduld mit sich und schimpfen Sie vor allem nicht mit sich, wenn Ihr Gehirn ein bisschen länger braucht! Hélène Grimaud ist nicht als hochkarätige Klavierspielerin auf die Welt gekommen, Roger Federer wurde nicht mit einem Tennisschläger in der Hand geboren. Die Gleichung lautet nun mal: Mehr neue Verschaltungen im Gehirn durch mehr Training oder auch „Use it or lose it". Und ich verrate Ihnen noch etwas ganz Wunderbares: Sie können Ihr Gehirn sogar nur durch Ihre Vorstellungskraft trainieren.

Wenn Sie Sorge haben, doch wieder Ja zu etwas zu sagen, was Sie gar nicht wollen, dann stellen Sie sich die ganze Sache erst mal vor.

Wenn Sie also, vor allem am Anfang, ein wenig Sorge haben, in einer realen Situation wieder einzuknicken und doch Ja zu etwas zu sagen, was Sie gar nicht tun wollen, dann stellen Sie sich die ganze Sache erst mal vor.

Das ist ein bisschen wie eine Trockenübung, wenn man Schwimmen lernen will – man übt beispielsweise die Kraulbewegung erst mal an Land, ohne Wasser und die damit verbundene Atemtechnik. Genauso machen Sie es auch.

Übung: Das Gehirn durch die Vorstellungskraft trainieren

Suchen Sie sich ein möglichst ruhiges Fleckchen, an dem Sie ungestört sind – im besten Fall haben Sie sich schon Ihren Übungsort eingerichtet.

Führen Sie sich nun eine Situation vor Augen, die Sie entweder bereits erlebt haben oder die Ihnen bevorsteht und in der Ihr Zu-nett-Sein im Mittelpunkt steht. Spielen Sie sie nun mithilfe Ihrer Vorstellungskraft durch, und zwar unbedingt so, wie Sie aus Ihrer Sicht laufen sollte. Wichtig ist auch: so konkret wie möglich und so positiv wie möglich. Sparen Sie sich unbedingt Gedanken wie „Ich will nicht wieder so verschüchtert sein", sondern arbeiten Sie mit Formulierungen wie „Ich werde selbstbewusst reagieren."

Beschwören Sie alles herauf, was mit dieser Situation zusammenhängt: die Menschen, den Ort, die Geräusche und Gerüche, Ihre Gefühle – alles, was Ihnen möglich ist. Stellen Sie sich vor, Sie wären ein Regisseur, der gerade eine ganz wichtige Szene dreht und jede Einzelheit genau bestimmen kann. Und dann: Action, bitte!

Wenn Sie mögen: Schreiben Sie in Ihr Notizbuch, wie Sie sich bei dieser Übung gefühlt haben. Ist sie Ihnen schwergefallen? Wenn ja, was genau war schwierig für Sie? Und was war leicht?

Diese Übung können Sie immer wieder mal machen. Je öfter, desto besser. Sie eignet sich besonders gut für Situationen, die Sie bereits erlebt haben und in denen Sie gern anders gehandelt hätten. Damit zeigen Sie Ihrem Gehirn: „Guck mal, es gibt auch andere Handlungsoptionen." Das heißt nicht, dass Sie sich im Nachhinein über Ihr Verhalten ärgern sollen – das mit dem Ärgern ist sowieso eine doofe Idee, denn Ärger bremst uns aus. Sehen Sie es eher als wohlwollendes Umschreiben der Vergangenheit – und eine sanfte Art der Gehirn-Umprogrammierung.

Am Anfang wird Ihr innerer Regisseur vermutlich Schwierigkeiten haben, diese Szene in seinem Sinn ablaufen zu lassen. Schließlich hat Ihr Gehirn ganz andere Verhaltensmuster in petto, als Sie sich gerade vorstellen, und Sie werden mehr als einmal auch in Gedanken in Ihr übliches Fahrwasser abgleiten. Das ist völlig normal. Wenn Sie merken, dass die Szene gerade ganz anders läuft, als Sie es in Ihrem Drehbuch vorgesehen haben, holen Sie Ihre Gedanken behutsam wieder zurück und drehen Sie die Szene noch mal neu so, dass sie für Sie passt. Nicht ungeduldig werden!

Das ist übrigens eine Übung, die Sie immer mal wieder zwischendurch machen können – einfach mal das Handy beim Warten an der Bushaltestelle in der Tasche lassen und vor dem inneren Auge eine solche Szene durchspielen. Je öfter, desto besser!

Kleiner Exkurs zum Thema Heldenreise

Diese kleinen inneren Filme, die Sie da drehen, sind im Grunde alle kleine Abenteuerfilme – nur dass Ihr Abenteuer nicht darin besteht, die Welt zu retten oder einem verlorenen Schatz hinterherzujagen, sondern neue Verhaltensmuster für sich zu entdecken. Es gibt eine ganz wunderbare Methode aus der Gestalttherapie, die ich Ihnen gern kurz vorstellen will – sie kann Ihnen in Zeiten, in denen das mit der Verhaltensänderung nicht so gut klappt, als Ansporn dienen. Gemeint ist die Heldenreise, die vor allem von dem Mythenforscher Joseph Campbell genauer untersucht und von dem Psychotherapeuten Paul Rebillot weiterentwickelt wurde. Das Grundmuster ist das folgende – ich habe es Ihnen der Einfachheit halber aufgemalt:

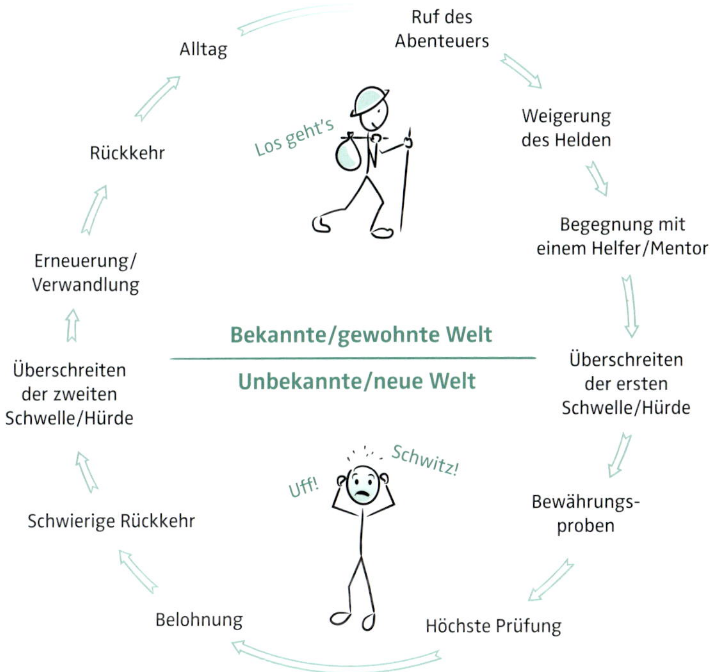

Sie werden das Grundmuster vermutlich ab jetzt in vielen Filmen und Büchern wiedererkennen – so ging es jedenfalls mir, als ich das erste Mal damit in Berührung gekommen bin. Ich will hier gar nicht auf Details eingehen, sondern Sie nur auf ein paar wichtige Punkte aufmerksam machen:

- Jeder Held erlebt Rückschläge. Ob Harry Potter, Frodo Beutlin oder James Bond: Sie alle sind nicht einfach zum Ziel durchmarschiert, sondern mussten auch wirklich fiese Tiefschläge überstehen. Wäre sonst auch arg langweilig, oder? Und nicht nur das: Ohne Tiefen keine Höhenflüge und auch kein inneres Wachstum.
- Jeder Held hat Helfer. Ohne Hermine und Ron, ohne Sam, ohne diverse Unterstützer hätten Harry, Frodo und James ihre Abenteuer wohl nie überstanden. Und wenn selbst die sich Unterstützung geholt haben, dürfen Sie das auch tun!

- Jeder Held bekommt am Schluss eine Belohnung. Harry wird glücklicher Familienvater, Frodo segelt zur Elbeninsel, James bekommt Ruhm und Ehre (und, ja, natürlich auch die eine oder andere Frau). Und auch auf Sie wartet am Ende etwas Wunderbares, beispielsweise Zufriedenheit und das gute Gefühl, dass Sie in Ihrem Sinne handeln und nicht in dem anderer.

Vielleicht hilft Ihnen ja der Gedanke, Ihre eigene Entwicklung in der nächsten Zeit als Ihre eigene Heldenreise zu sehen, denn das sind Sie: ein Held oder eine Heldin und sehr mutig, denn nicht jeder traut sich auf eine solche Entwicklungsreise.

Was tun bei Rückschlägen?

Sie haben es an der Heldenreise gesehen: Ohne Rückschläge wird auch Ihre Reise nicht ablaufen. Sie werden in Ihrem Gehirn auf unwegsames Gelände treffen, auf Morast, in dem Sie steckenbleiben, vielleicht sogar auf eine Mauer – und Sie werden sich fragen, ob denn der ganze Weg bisher umsonst war. Nein, war er natürlich nicht! Denn jeder Schritt, den Sie weg vom Ewig-nett-Sein machen, ist wichtig und wird Ihnen neue Erfahrungen verschaffen. Nicht jeder Schritt wird sich gut anfühlen, aber Sie werden sehen: Es geht auch anders – und die Welt wird überraschenderweise nicht untergehen, nur weil Sie mal nicht nett waren.

Ohne Rückschläge wird Ihre Reise nicht ablaufen, aber der Weg ist nicht umsonst!

Was also tun bei Hindernissen oder Rückfällen? Je nachdem, wie viel Kraft Sie gerade haben, werden Sie entweder eine kleine Pause einlegen, einen kleinen Umweg nehmen oder tief Luft holen und die Mauer mit einem Hammer einreißen. Vielleicht werden Sie sie auch Stein für Stein abtragen. Aber bitte: Bleiben Sie dran! All diese Hindernisse sind überwindbar, und manche stellen sich auch als Hirngespinste heraus, die sich bei näherer Betrachtung einfach wegpusten lassen.

Dieses Buch ist so gemacht, dass Sie das Tempo bestimmen können – und es ist völlig okay, wenn Sie es zwischendurch zur Seite legen (oder wahlweise auch mal in die Ecke pfeffern, wenn Ihnen danach ist) oder an einem Kapitel etwas länger knabbern. Ganz wichtig ist: Haben Sie Geduld mit sich und denken Sie immer wieder daran, dass Sie sich den Weg durch den Wald nicht mit Gewalt bahnen können – dann verheddern Sie sich nämlich ganz böse in den Himbeerranken und haben ganz schnell überhaupt keinen Bock mehr auf den ganzen Mist.

TIPPS FÜR DOOFE PHASEN

- Halten Sie unbedingt für genau solche Momente die kleinen und großen Erfolge in Ihrem Notizbuch fest! Sie werden sich selbst noch dankbar sein, wenn Sie in diesem Punkt konsequent sind.
- Atmen. Setzen Sie sich einfach mal eine Minute hin und kommen Sie zur Ruhe. Stress ist ein ganz fieser Gegenspieler der Weiterentwicklung, und durch einen ruhigen Atem fahren wir uns so weit herunter, dass klares Denken wieder eine Chance hat.
- Auch wenn's hart ist: Das chinesische Sprichwort „Wenn du es eilig hast, gehe langsam" hat einen sehr wahren Kern. Je verbissener Sie an die Aufgabe herangehen, desto mehr sinken Ihre Chancen auf Erfolg. Also: Lassen Sie sich Zeit!
- Seien Sie bitte nett zu sich – Beschimpfungen helfen Ihnen nicht weiter. Gehen Sie wertschätzend mit sich um, gerade in Phasen, in denen Sie nicht so vorankommen, wie Sie es sich wünschen.

Das Umfeld als Stütze

Menschen sind sehr unterschiedlich, wenn es darum geht, etwas in ihrem Leben zu ändern. Die einen machen so etwas lieber mit sich selbst aus und sprechen erst darüber, wenn sie erfolgreich waren oder zumindest die ersten Schritte unternommen haben. Dann gibt es die,

die ihre Pläne nur mit ein, zwei Menschen teilen, denen sie wirklich vertrauen. Und dann gibt es diejenigen, die ihr Vorhaben der ganzen Welt mitteilen und dafür auch fleißig alle zur Verfügung stehenden Kanäle nutzen. Ich neige eher zu Letzterem, was in manchen Situationen durchaus hilfreich ist – und noch heute nutze ich Facebook, um gute Nachrichten zu verbreiten, mir gut zureden zu lassen oder auch, um das dort vorhandene Schwarmwissen zu nutzen.

Letztlich entscheiden Sie ganz allein, ob Sie Ihren Wunsch, in Zukunft weniger nett zu sein, mit anderen teilen wollen oder nicht. Empfehlen würde ich: Seien Sie ein bisschen zurückhaltend mit Ihren Plänen, aber suchen Sie sich jemanden, mit dem Sie sich dazu austauschen können. Je mehr Menschen Sie erzählen, was Sie vorhaben, desto mehr stehen Sie auch unter Beobachtung – und das macht Druck. Und Druck ist etwas, was Sie weder jetzt noch in Zukunft brauchen können. Damit schaffen Sie sich nur eine weitere Hürde auf dem Weg zur Veränderung – und ich plädiere immer dafür, es sich nicht schwerer zu machen, sondern lieber leichter.

Vertrauen Sie Ihren Wunsch, in Zukunft weniger nett zu sein, nur wenigen Menschen an.

Suchen Sie sich also eine Hermine, einen Ron – das ist erlaubt und sogar gewünscht! Denn wenn Sie immer alles nur in Ihrem eigenen Kopf bewegen, kann es passieren, dass Ihre Gedanken irgendwann wild im Kreis rennen und Schabernack mit Ihnen treiben. Also, wählen Sie jemanden, dem Sie vertrauen, erzählen Sie ihm von Ihren Plänen und beobachten Sie seine Reaktion.

Wenn Ihr Gegenüber eher nicht begeistert erscheint von Ihrer Idee, aus dem Nettigkeits-Hamsterrad auszusteigen: schnell das Thema wechseln und die Freundschaft eventuell überdenken. Wenn Ihr Gegenüber begeistert sagt: „Na endlich! Das wurde aber auch Zeit!“, dann halten Sie denjenigen gut fest und überlegen Sie sich, wie Ihr Austausch aussehen soll. Regelmäßig oder sporadisch? In festen Abständen oder spontan? Darf Ihr Unterstützer Sie nach dem Stand der Dinge fragen, oder wollen Sie bestimmen, wann Sie etwas erzählen wollen?

Das klingt vielleicht etwas formal, macht aber Sinn, wenn Sie auch in Zukunft noch befreundet sein wollen. Ich bin immer für klare Regeln. Dann weiß jeder, woran er ist – gerade bei einem so sensiblen Thema eine echte Erleichterung, denn wie blöd wäre es, wenn Sie sich im Austausch darüber in die Wolle bekämen! Das Ganze ist ja ohnehin schon nicht ganz einfach – da brauchen Sie das nicht auch noch.

Reflektieren Sie, in welchen Situationen Ihnen Ihre Nettigkeit mal wieder dazwischengegrätscht ist, aber feiern Sie auch erste Erfolge.

Wichtig für Sie ist auch: Seien Sie ehrlich im Gespräch. So ein Austausch ist für die Katz, wenn Sie Ihr Gegenüber anflunkern. Es geht darum, zu reflektieren, in welchen Situationen Ihnen Ihre Nettigkeit mal wieder dazwischengegrätscht ist, und natürlich auch und vor allem darum (und ich kann es nicht oft genug sagen), erste Erfolge zu feiern – und wenn es nur ein erstes „Nein, danke!“ an der Käsetheke war, wenn Ihnen die Verkäuferin mal wieder die doppelte Menge Leerdammer andrehen wollte.

Stress als Gegenspieler von Veränderung

Ich hatte schon gesagt: Machen Sie es sich zu Beginn leicht. Dazu gehört auch, dass Sie mit Ihren Veränderungen in einer Zeit starten, die nicht allzu stressig ist. Denn: Stress ist einer der Gegenspieler der Veränderung. Um das zu erklären, muss ich ins Detail gehen – aber keine Sorge, ich werde Sie nicht mit medizinischen Fachbegriffen zuwerfen. Gleichwohl finde ich es wichtig, dass Sie wissen, was in Ihnen passiert, wenn Sie im Stress sind, und warum es dann besonders schwierig ist, Ihre neuen Verhaltensweisen umzusetzen. Das entlastet ungemein und sorgt dafür, dass Sie sich weniger über sich selbst ärgern, wenn’s mal nicht geklappt hat mit dem Nicht-Nett-Sein.

Was passiert also bei Stress im Körper? Im Grunde hat die Natur das ganz geschickt eingerichtet. In Ruhephasen ist der Parasympathikus am Start, in stressigen Phasen der Sympathikus. Beide zusammen bilden mit dem Darm-Nervensystem unser vegetatives Nervensystem, das auch als autonomes Nervensystem bezeichnet wird. An diesem Begriff merken Sie schon: Da werden ganz viele Abläufe in uns autonom, also ohne bewusste Beteiligung unsererseits, gesteuert, beispielsweise Atmung, Verdauung, Stoffwechsel, Herzschlag und vieles mehr. Im Idealfall sieht das Zusammenspiel von Sympathikus und Parasympathikus so aus:

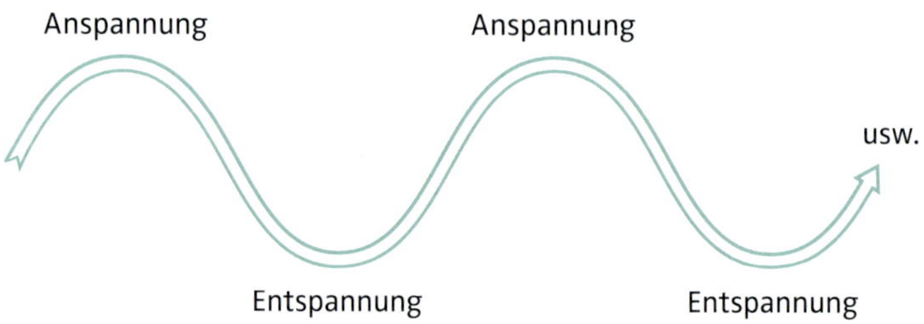

Als perfekte Gegenspieler wechseln sie sich ab – den einen gibt es nicht ohne den anderen. Schwierig wird es, wenn der Sympathikus die alleinige Macht übernimmt – dann sind Sie im Dauerstress, und das macht krank, denn Ihr ganzer Körper ist permanent in Alarmbereitschaft. Das sieht dann so aus:

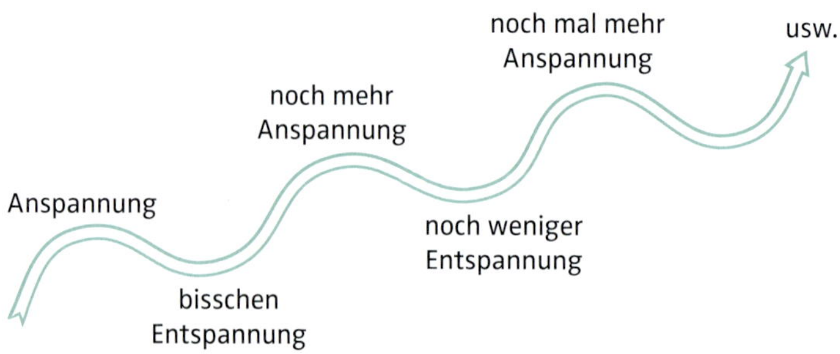

Die Folgen können gravierend sein – angefangen bei Verspannungen über Schlaflosigkeit bis hin zu schweren Organschäden. Wenn Ihr Dauer-Nett-Sein Sie also sehr stresst, empfehle ich dringend, regelmäßig runterzufahren – Sie werden einige passende Übungen in diesem Buch finden. Wenn das nicht hilft, begeben Sie sich bitte in professionelle Hände: Reden Sie mit Ihrem Hausarzt, suchen Sie sich einen guten Therapeuten und/oder Coach und ziehen Sie die Notbremse.

Ich hatte aber versprochen, nicht zur sehr in die Tiefe zu gehen, sondern Ihnen zu zeigen, warum Sie in stressigen Situationen oft auf eingefahrene Verhaltenswege zurückgreifen und nicht so reagieren, wie Sie es – beispielsweise in einfachen Situationen – geübt haben. Wenn der Sympathikus am Start ist, versetzt er den Körper durch die Ausschüttung von Stresshormonen (u. a. Adrenalin und Cortisol) in einen Zustand höherer Aufmerksamkeit und Fluchtbereitschaft. Herzschlag und Blutdruck gehen hoch (damit die Muskeln mit wertvollem Sauerstoff vollgepumpt werden), die Pupillen weiten sich (damit Sie besser sehen können), die Verdauung wird gehemmt (die braucht man auf der Flucht nicht) – und er sorgt dafür, dass wir einen Tunnelblick haben und unsere ganze Aufmerksamkeit darauf richten, aus der unguten Situation zu fliehen.

> Wenn der Sympathikus am Start ist, versetzt er den Körper in einen Zustand höherer Aufmerksamkeit und Fluchtbereitschaft.

Dieser ganze Ablauf war in der Steinzeit, bei der Flucht vor dem Säbelzahntiger, natürlich ausgesprochen hilfreich – und ist es auch heute noch in bestimmten Situationen, wenn zum Beispiel ein Auto auf Sie zurast und Sie gerade noch rechtzeitig zur Seite springen können. Dieses Programm wird aber auch aktiviert, wenn Kollege Meier wieder mit einem Stapel Akten in der Hand auf Sie zukommt und Sie genau wissen: „Das will der doch wieder bei mir abladen.“ Zack! Fluchtmodus aktiviert, sprich: Der Sympathikus ist am Start und sorgt für die Ausschüttung von Stresshormonen und den Tunnelblick – und wie das so ist in Tunneln: Da gibt's nur geradeaus und keine Abzweigungen.

Ich vergleiche das immer mit der Fahrt auf einer französischen Autobahn: Die Franzosen schildern ihre kostenpflichtigen Autobahnen sehr gut aus, so dass Sie als Ortsunkundiger sie auf jeden Fall finden werden. Die Landstraßen hingegen, auf denen es sich auch sehr gut fahren lässt, die aber manchmal einen kleinen Umweg darstellen und vor allem nichts kosten, werden wenig bis gar nicht ausgeschildert. Stellen Sie sich also vor, Sie sind mit dem Auto in Frankreich unterwegs, schon ordentlich im Stress, weil Sie Paris längst hinter sich haben wollten – welche Straße werden Sie wohl nehmen? Die Landstraße, die Ihnen die schönere Aussicht verspricht, deren Abfahrt Sie aber auf Teufel komm raus nicht finden – oder die wunderbar ausgeschilderte Autobahn? Genau: Die Autobahn wird es wohl werden.

Und genauso läuft es auch in Ihrem Hirn, wenn Sie im Stress sind – um Energie zu sparen und schnell reagieren zu können, biegt Ihr Gehirn ganz schnell auf die Autobahn ab, auf den gewohnten und einfachen Weg. Wenn Sie jedoch vorher schon sehr oft auf die Landstraße abgebogen sind, wird Ihnen das nicht mehr so schnell passieren, denn: Sie wissen ja jetzt, wo es langgeht. Vielleicht verspüren Sie ab und zu den Impuls, auf die Autobahn abzubiegen, aber Sie haben gelernt, einmal tief durchzuatmen und Ihrem Gehirn klarzumachen: Nichts da – wir nehmen den neuen Weg!

Zusammengefasst heißt das also: Übung macht den Meister (das wird Sie nun nicht mehr überraschen), und ein kurzes Innehalten ermöglicht das Abbiegen. Wie das geht mit dem Innehalten und Abbiegen, erkläre ich Ihnen ausführlicher im Kapitel „Vom Automatismus zur Impulskontrolle“, vorweg will ich Sie aber mit ein paar kleinen Achtsamkeitsübungen versorgen, damit Sie bis dahin auch durchhalten!

Übung macht den Meister, und ein kurzes Innehalten ermöglicht das Abbiegen.

Übung: Kleine Entspannung für zwischendurch

- *Gähnen, strecken, räkeln oder lachen (Ja! So einfach kann es sein!)*
- *One-Minute-Meditation (nach Martin Boroson): Suchen Sie sich einen ruhigen Ort, setzen Sie sich aufrecht hin, stellen Sie den Timer Ihres Smartphones auf eine Minute – und konzentrieren Sie sich diese eine Minute lang nur auf Ihren Atem.*
- *Aktivieren Sie den Vagusnerv (den größten Nerv des Parasympathikus und einer der zwölf Hirnnerven). Das Tolle ist: Egal, welchen Hirnnerv wir stimulieren – wir erwischen den Nervus vagus immer mit, z. B. durch Augenschwingen (Augen zu und in einer schwingenden Bewegung von rechts nach links schauen, etwa zehn Mal), den Nacken dehnen, die Ohren ausstreichen (schön fest dran ziehen – sie dürfen rot werden!), Grimassen schneiden.*
- *Handmassage: Cremen Sie ganz bewusst Ihre Hände ausführlich mit einer gut riechenden Handcreme ein und kneten Sie sie dabei gut durch.*

Der Fluchtmodus

Bei Stress setzt aber nicht nur der Tunnelblick ein, sondern auch der Fluchtreflex. Sie wollen der unangenehmen Situation so schnell wie möglich entfliehen. Ihr Gehirn sieht in dem unangenehmen Kollegen Meier von heute also den Säbelzahntiger aus der Urzeit, nur dass Sie dem Kollegen nicht einfach eins überziehen können, wie Sie es vielleicht mit dem Tiger gemacht hätten (denn, sind wir ehrlich, davonrennen macht bei so einem Vieh kaum Sinn) – Sie fliehen heute einfach in die Sprachlosigkeit oder eben die Nettigkeit. Statt sich offen in den „Kampf" zu werfen, bringen Sie sich in die vermeintliche Sicherheit und geben sofort nach.

Kurzfristig mag das als praktikable Lösung erscheinen, denn das Ergebnis lautet: kein Stress mit Herrn Meier. Uff. Mittelfristig stellen Sie aber fest, dass der Feierabend doch in recht weite Ferne gerückt ist und Ihnen der Meier auch noch seine blödesten Aufgaben aufgedrückt hat – Sie fangen also an, sich zu ärgern. Das fühlt sich schon nicht mehr so toll an. Und langfristig ist das Ergebnis, dass der Ärger Sie krank macht.

Also: Treten Sie Ihre nette Idee, dem Ärger aus dem Weg zu gehen, in die Tonne! Denn sonst ärgern Sie sich nicht nur über den Kollegen, sondern auch noch über sich selbst – dass Sie wieder nicht über Ihren Schatten gesprungen sind und Nein gesagt haben. Das alles kostet Sie nicht nur den wohlverdienten Feierabend, sondern vor allem viel Kraft. Investieren Sie die lieber in das Wagnis, Nein zu sagen!

Es ist alles nur in Ihrem Kopf

Wichtig ist auch, sich klarzumachen: Dieser ganze Stress findet in erster Linie in Ihrem Kopf statt. Das, was Sie stresst, ist nicht unbedingt die Veränderung an sich, sondern Ihr Umgang damit. Das heißt: Die Kombination aus einer stressigen Situation, die von außen ausgelöst wird (also zum Beispiel der Kollege mit dem Aktenstapel), kommt zusammen mit dem, was in Ihrem Kopf vorgeht („Ah, Mist – nicht der schon wieder! Was mach ich denn jetzt? Wegrennen? Unter dem Tisch verstecken? Eine Ohnmacht simulieren?").

Es könnte aber auch so laufen: Der Kollege kommt, Sie atmen tief durch, lächeln ihn freundlich an und sagen ganz entspannt „Nein, Herr Meier, das kann ich Ihnen nicht abnehmen. Bitte nehmen Sie die Unterlagen wieder mit zu Ihrem Schreibtisch." Fühlt sich gleich weniger stressig an, gell?

Starten Sie Ihren Ausstieg aus dem Nettigkeits-Hamsterrad nicht in einer Phase, in der es bei Ihnen hoch hergeht.

Wenn es Ihnen möglich ist, starten Sie Ihren Ausstieg aus dem Nettigkeits-Hamsterrad nicht gerade in der Phase, in der es bei Ihnen hoch hergeht. Das sorgt nur für zusätzlichen Stress. Vielleicht können Sie ja im Urlaub damit starten? Zum einen verfügen Sie dann (so hoffe ich zumindest) über ein gewisses Maß an Grundentspanntheit. Damit ist sowohl die Gefahr, in den üblichen Routinen zu landen, geringer, als auch die Gefahr, übertrieben zu reagieren. Niemandem ist geholfen, wenn Ihnen irgendwann der Kragen so sehr platzt, dass Sie gemein und unfair werden.

Zum anderen können Sie an Menschen üben, die Sie mit hoher Wahrscheinlichkeit nie mehr wiedersehen. Damit ist natürlich nicht Ihre Begleitung gemeint, die Sie in die Flucht schlagen sollen, sondern beispielsweise die Verkäuferin in der Bäckerei, die Ihnen mehr Brötchen aufschwatzen will, als Sie verlangt haben, oder der Hotelangestellte, der Ihnen ein deutlich schlechteres Zimmer geben will, als Sie gebucht haben.

WARUM NETT NICHT DAS GLEICHE IST WIE FREUNDLICH

„Nett ist die kleine Schwester von Scheiße" – eine Postkarte mit diesem Spruch hing lange Zeit an der Pinnwand über meinem Schreibtisch. Quasi als Erinnerung daran, nicht immer und immer wieder zu nett zu sein. Denn leider ist an dem Spruch was dran – wer immer nett ist, fühlt sich nämlich irgendwann auch scheiße. Wir starten mit einer kleinen Einführung zum Thema Nett/Nicht-Nett – und Sie erfahren, was das alles mit Ehrlichkeit, Sachlichkeit und Entlastung zu tun hat.

Das süddeutsche und das norddeutsche Nett

Wenn mein Mann mich nach einem Abend mit einer Freundin fragt: „Na? Wie war's?" und ich ihm mit „Total nett!" antworte, fragt er mich immer: „Das norddeutsche oder das süddeutsche Nett?" Ich bin in München aufgewachsen – und wenn hier jemand sagt: „Mei, is' des nett!", ist damit gemeint, dass etwas wirklich schön ist. In Norddeutschland ist damit (zumindest meistens) gemeint: „Joah, war irgendwie ganz okay, aber so richtig toll war's auch nicht."

Vergleichbar ist das vielleicht mit der Situation, wenn man gefragt wird, wie das Essen schmeckt und man nicht ehrlich „Nicht so" sagen will. Ich sage dann gern „interessant", was zwar nicht weniger vernichtend ist, aber eben auch weniger direkt. Und mit Direktheit haben wir es in unserem Sprachgebrauch leider oft nicht so – also sind wir lieber norddeutsch nett.

Warum schadet nett sein uns und anderen?

Aber wie eben schon gesehen: Nett ist eben nicht immer nett, letztlich tun wir mit unserer mangelnden Ehrlichkeit beiden Seiten nichts Gutes. Uns selbst schaden wir mit unserer Nettigkeit immens, denn wir handeln gegen unsere Natur, wir sind nicht mehr authentisch, wir ärgern uns, vielleicht sogar tagelang, und all das macht uns auf Dauer unzufrieden. Dramatisch wird es in Situationen, die sich irgendwann zuspitzen, weil Sie immerzu zu nett waren – wie etwa im genannten Bürobeispiel, wenn Sie irgendwann nicht mehr können, weil schon wieder ein Kollege seine unerledigte Arbeit bei Ihnen abgeladen hat und Sie nicht ehrlich abgelehnt haben.

> Mit unserer mangelnden Ehrlichkeit tun wir letztlich weder uns noch der anderen Seite etwas Gutes.

Unserem Gegenüber schaden wir – je nach Situation – nicht ganz so massiv wie uns selbst, aber doch immer noch ausreichend, denn wir lügen es an. Das mag bei der Wurstverkäuferin, der wir auf ihr „Darf's auch ein bisschen mehr sein?“ ein unechtes „Na gut“ antworten, zu vernachlässigen sein. Bei der Freundin, der wir nicht deutlich genug sagen, dass sie uns mit einer Äußerung verletzt hat, ist es schon schlimmer, denn: Damit tragen wir auf Dauer zum Ende dieser Freundschaft bei und geben der Freundin keine Möglichkeit, sich weiterzuentwickeln oder anders zu verhalten. Schließlich weiß sie gar nicht, dass sie uns so verletzt hat.

Nicht-nett-Sein bietet also Entwicklungsmöglichkeiten auf beiden Seiten. Ich versuche Ihnen das an einem Beispiel deutlich zu machen: Sie wissen schon, dass wir einen Hund haben. Einen sehr großen. Pippa ist ein Berner-Sennen-Mix, schwarz, mit weißer Schnauze – sie ist herzensgut, wirkt aber aufgrund ihrer Größe für viele auf den ersten Blick erst mal ziemlich beeindruckend. Nun bin ich mit Katzen aufgewachsen und hatte von Hunden wenig bis keine Ahnung – also trabte ich mit Pippa von Anfang an jede Woche in die Hundeschule, in der ich mindestens genauso viel lernte wie sie. Vor allem: konsequent und nicht immer nett sein! Eine sehr große Lernaufgabe für die meisten Erstlings-Hundebesitzer, die – genauso wie ich – am Anfang schreckliche Angst haben, dass ihr Vierbeiner sie nicht mehr mögen könnte, weil man ihm vieles verweigert: hochspringen, auf dem Sofa liegen, bellen, in die Hacken beißen …

Was passiert jedoch, wenn man immerzu nur nett zu seinem Hund ist? Genau: Man schränkt sich selbst wahnsinnig ein, denn man kann das bekloppte Vieh nirgendwohin mitnehmen – wer will schon so einen Rüpel bei sich zu Hause haben? Und daheim? Ist nichts vor dem Hund sicher, weil er nicht gelernt hat, wo seine Grenzen liegen.

Übertragen wir das doch mal auf die Menschenwelt: Wenn Sie zu allen immerzu nett sind, erziehen Sie Ihr Umfeld dazu, mit Ihnen umzugehen, wie es ihm gefällt – und nicht, wie es Ihnen gefällt! Der Kollege springt vielleicht nicht auf Ihr Sofa und bellt Sie an – dafür steht er aber im Meeting auf und stellt Ihre gemeinsame Idee als seine eigene vor. Oder er blafft Sie in aller Öffentlichkeit an, weil Sie eine Aufgabe, die er Ihnen zugeschanzt hat, nicht erledigt haben.

> Wenn Sie zu allen immerzu nett sind, erziehen Sie Ihr Umfeld dazu, mit Ihnen umzugehen, wie es ihm gefällt.

Machen Sie sich das bitte immer wieder bewusst: Wenn Sie sich von Ihren Mitmenschen schlecht behandelt fühlen, kann es natürlich daran liegen, dass Sie nur von schlechten Menschen umgeben sind. Viel wahrscheinlicher ist jedoch, dass Sie Ihrem Umfeld die Möglichkeit geben, so und nicht anders mit Ihnen umzugehen.

Eine Freundin von mir, die aus einem ihrer Jobs mit Burn-out aussteigen musste, hatte über 700 Überstunden auf dem Buckel. Damals, kurz nach ihrem Ausstieg, hat sie gesagt: „Die haben mit mir gemacht, was sie wollten." Heute, nach passender Therapie und zahlreichen guten Erkenntnissen, sagt sie: „Ich habe das alles mit mir machen lassen. Das würde mir heute nicht mehr passieren." Damals waren die anderen die Übeltäter, heute ist ihr klar: Es gehören zwei Seiten dazu – und nur meine eigene Rolle kann ich aktiv beeinflussen.

Auch das ist etwas, was Sie sich immer wieder klarmachen müssen: Sie können nur sich ändern. Alles Lamentieren über die gemeine Kollegin, den doofen Chef, die lästige Freundin, den anstrengenden Schwiegervater hilft Ihnen langfristig kein Stückchen weiter (wobei ich damit nicht sagen will, dass Sie sich nicht auch mal über andere auskotzen dürfen – das muss manchmal auch sein). Die Stelle, an der Sie ansetzen können und müssen, sind Sie selbst.

Nicht-nett-Sein ist viel spannender als Nett-sein

Der Arzt und Psychologe Manfred Nelting hat in einem Interview mit der Zeitschrift „Psychologie heute" den folgenden Satz gesagt:

> *„Wir treten durch unser Schweigen unsere Macht an die anderen ab und lassen uns von Menschen an die Wand spielen, weil wir auf ihre Zuwendung hoffen."*

> Wenn wir anderen die Macht über uns überlassen, werden wir ferngesteuert.

Was passiert, wenn wir anderen die Macht über uns überlassen? Wir werden ferngesteuert. Wir verstellen uns. Wir sind unecht. Mögen Sie solche unechten Menschen? Ich nicht! Mich beeindrucken in erster Linie Menschen, die ihr Ding machen – ohne sich darum zu scheren, ob sich das nun gehört oder nicht, dabei aber nicht unverschämt werden.

Letzteres finde ich persönlich recht wichtig. Nur weil jemand anders ist, heißt das für mich nicht automatisch, dass ich ihn toll finde. Nehmen wir zum Beispiel Dieter Bohlen: Dem ist es völlig egal, was andere von ihm denken, leider aber ist es ihm auch völlig egal, ob er mit seinem Verhalten andere verletzt. Bohlen ist – aus meiner Sicht – in erster Linie unverschämt und kann uns in diesem Buch nicht als gutes Beispiel dienen, auch wenn er beruflich sehr erfolgreich ist.

Wer hat Sie in letzter Zeit besonders beeindruckt? Ich verrate Ihnen mal meine Liste – oder zumindest einen Teil davon, denn die Liste ändert sich immer mal wieder und wäre in Gänze auch etwas lang:

- Maren Martschenko: Eine ganz großartige Frau, die ich im Zusammenhang mit meinem ehrenamtlichen Engagement kennengelernt habe. Sie hält auch mal einen Vortrag im Bademantel und ist in ihrer (Körper-)Sprache von beeindruckender Klarheit – bei ihr weiß man immer, woran man ist, aber auf eine gute Weise.
- Maja Storch: Sie kenne ich (leider!) nicht persönlich, habe aber viele ihrer Bücher gelesen und diverse Videos angesehen. Sie ist eine sehr schlaue Wissenschaftlerin, die aber ganz undogmatisch und sehr bodenständig daherkommt – und ganz nebenbei sehr kreativ ist. Am liebsten mag ich ihr „Würmli“ – einen Strudelwurm, der einem dabei hilft herauszufinden, was man wirklich will. Sie scheint mir eine Frau zu sein, die sich nicht in die typischen wissenschaftlichen Schubladen zwängen lässt und macht, was sie für richtig hält.
- Basti Süß: Ja, genau – das ist mein Mann. Zugegeben – das ist eine sehr subjektive Wahl, aber er beeindruckt mich tatsächlich immer wieder. Unter anderem von ihm habe ich gelernt, zu sagen, was ich will – und was ich nicht will. Er hat das von Anfang an geradezu penetrant von mir eingefordert und mir auch immer wieder klargemacht, dass auch er das meint, was er sagt und ich nicht hundertmal nachfragen muss, ob er das jetzt auch wirklich so und so meint und nicht eigentlich ganz anders ... Klar – bei uns geht's auch nicht immer nur harmonisch zu, und mir gefällt auch nicht immer, was er will oder auch nicht will, aber diese Art und

Weise zu kommunizieren hält uns viel Ärger vom Leib und entspannt ungemein.

- Sabine: Eine ehemalige Kollegin von mir, die wohl viele als „schwierig“ bezeichnen würden, weil sie unfassbar straight und klar ist – ich finde sie genau deswegen einfach großartig. Sie nimmt es auf sich, dass andere sie nicht mögen, weil sie nie mit ihrer Meinung hinterm Berg hält, sie würde aber niemals unverschämt oder beleidigend werden. Sabine löst solche Dinge mit bestechend klarer Intelligenz. Wenn andere in einer Besprechung betreten zu Boden blicken, ist sie diejenige, die ausspricht, was alle denken – ohne Angst zu haben, dass es einen Rüffel vom Chef gibt. Dadurch ist sie natürlich oft unbequem, aber genau das schätze ich sehr an ihr. Wir hatten auch schon das eine oder andere Gespräch, in dem wir ordentlich aneinandergeraten sind – gleichwohl habe am Ende ich immer festgestellt, dass mich der Austausch mit ihr meilenweit vorangebracht hat. Und zu Ihrer Beruhigung: Die Gespräche mit ihr enden immer mit einem Lachen!

Zusammengefasst kann man wohl sagen: Das sind alles Menschen, die ihr Ding machen – weit weg von ständigem Ja-Sagen, weit weg von Angepasstheit. Zugegeben: Diese Eigenschaften sorgen auch dafür, dass diese Menschen nicht berechenbar sind, weil sie eben nicht immer das machen, was man selbst gerade möchte – aber genau das macht sie spannend!

Übung: Ihre Vorbilder

Jetzt sind Sie dran. Schnappen Sie sich Ihr Notizbuch und legen Sie los! Wen finden Sie beeindruckend und warum? Notieren Sie möglichst genau Ihre Gedanken zu den jeweiligen Personen – und sollten Sie die Gelegenheit dazu haben: Erzählen Sie ihnen auch mal, dass sie auf Ihrer Liste gelandet sind. Ich bin mir sicher, dass sich interessante Gespräche daraus ergeben werden!

Warum kann nicht jeder jeden mögen?

In meinen Workshops zum Thema Selbstmarketing mache ich mit den Teilnehmern zu Beginn oft die folgende Übung, die Sie gern in Gedanken mitmachen können. Ich bitte alle Teilnehmer, ihre Handys aus den Taschen zu holen und auf einen Tisch zu legen. Das sind meistens nur Smartphones, also lege ich noch das ausgemusterte Seniorentelefon (so ein Ding mit extragroßen Tasten) meiner verstorbenen Tante dazu, außerdem mein altes Nokia-Handy (kein Scherz – ich kenne mehrere Menschen, die noch so ein Ding benutzen, und zwar ganz bewusst!). Und dann bitte ich die Teilnehmer, mir zu sagen, was ihnen auffällt. Da kommen dann – nach ein bisschen Zögern – Antworten wie beispielsweise:

- *„Das da ganz links wäre mir ja viel zu groß."*
- *„Krass – es gibt Menschen, die kein Smartphone benutzen?"*
- *„Das mit den großen Tasten wäre was für meine Oma. Die braucht das manchmal unterwegs, um Opa zu sagen, wann er sie abholen soll. Sie kam mit dem ausgemusterten Smartphone von Papa überhaupt nicht klar."*
- *„Das neue iPhone sieht aber schon ganz schön schick aus."*
- *„Oh, hier hat ja jemand ein Shift-Phone! Spannend – wie ist das denn so? Ich finde das Prinzip, das dahintersteckt, ja toll."*
- *„Ich glaub, ich mag mein eigenes Handy am liebsten. Das liegt gut in der Hand und hat genau die richtige Größe."*

Als Nächstes nehme ich alle Handys vom Tisch bis auf eins. Nun müssen sich die Teilnehmer vorstellen, dass es nur noch dieses eine Handy auf dem Markt gibt, das für alle passen muss. Na? Was meinen Sie, was passiert? Genau! Egal, welches Handy ich liegenlasse – das Entsetzen ist immer groß:

- *„Waaas? Nein – das geht nicht. Da ist der Speicher nicht groß genug für meine ganze Musik."*
- *„Aber das macht total schlechte Fotos!"*

- *„Das wäre nichts für mich – ich mag mein altes Nokia-Telefon, das ich wirklich nur zum Telefonieren und für SMS nutze. Alles andere brauch ich nicht und würde mich nur überfordern."*
- *„Nee, ich will ein fair produziertes Handy, nicht diesen Mist, an dem nur der Hersteller verdient!"*

Und was ist die Moral von der Geschicht'? Genau: Es gibt nicht das eine Handy für alle, weil jeder einen anderen Geschmack, andere Vorlieben, andere Gewohnheiten hat. Und wenn das schon bei etwas so Profanem wie einem Handy so ist, wieso zum Teufel glauben dann so viele, dass sie als Mensch für alle anderen Menschen passen sollen? Die aus meiner Sicht wunderschöne Dita von Teese, eine Burlesque-Tänzerin aus den USA, hat mal diesen wunderbaren Satz gesagt: „Du kannst der reifste, saftigste Pfirsich auf der Welt sein, aber es wird immer jemanden geben, der keine Pfirsiche mag."

Verabschieden Sie sich von der absurden Vorstellung, dass jeder Sie mögen muss – das ist schlicht unmöglich.

Also bitte: Verabschieden Sie sich von der absurden Vorstellung, dass jeder Sie mögen muss – das ist schlicht unmöglich. Dazu machen wir jetzt noch mal eine kleine Übung. Also, zücken Sie Stift und Notizbuch!

Übung: Wer Sie echt nervt

Schreiben Sie jetzt mal auf, wen Sie nicht mögen und warum Sie denjenigen nicht mögen. Gerne möglichst detailliert, vielleicht fällt Ihnen auch eine spezielle Situation ein, in der es sich derjenige so richtig schön mit Ihnen verscherzt hat.

Kleiner Tipp: Sie sollten Ihre Notizen so aufbewahren, dass sie wirklich niemand lesen kann, denn ich möchte Sie bitten, wirklich sehr ehrlich zu sein – und das können Sie nicht, wenn Sie Angst haben, dass jemand die Notizen in die Finger bekommt, der ernsthaft erbost über das sein könnte, was Sie da aufschreiben (beispielsweise Ihr Partner, wenn er darin liest, dass Sie seine Mutter eigentlich immer schon ganz schrecklich fanden, weil …).

Ich bin Ihnen wieder behilflich mit einer kleinen Liste, die ich aus Tipps von Freunden zusammengestellt habe und anonymisiert wiedergebe:

- *„Die Nachbarin, die zwar immer meine Katze füttert, dabei aber das ganze Haus durchstöbert. Sie ist völlig distanzlos."*
- *„Die Mutter einer Spielfreundin meiner Tochter, die mich jedes Mal auf dem Spielplatz damit zutextet, wie nervig ihr Mann und wie schwierig ihr Leben ist. Mir geht dieses ewige Rumgenöle so dermaßen auf die Nerven."*
- *„Die eine Kollegin, die vornrum immer ganz freundlich tut und hintenrum über alle lästert. Sie ist so was von unloyal."*
- *„Den Freund einer sehr guten Freundin. Sie hat eine wunderschöne Figur, aber jedes Mal, wenn wir uns sehen und etwas zusammen essen, kneift er sie in die Seite und fragt sie, ob sie nicht doch nur einen Salat essen will. Ich finde das unmöglich!"*

Haben Sie Ihre Liste fertig? Sehr schön. Und nun fragen Sie sich bitte noch mal: Warum sollten Sie alle Menschen mögen? Sie finden doch auch nicht alle und jeden toll!

Das Gegenteil von nett

Aber was ist denn nun das Gegenteil von nett? Heißt das, dass Sie ab sofort zu allen widerlich sein sollen? Alles ablehnen, niemandem mehr helfen, alle vor den Kopf stoßen? Bloß nicht! Abgesehen davon, dass das höchstwahrscheinlich genauso gegen Ihre Natur ist wie das ewige Nett-Sein, will ich, dass Sie auch nach der Lektüre dieses Buches noch Freunde und einen Job haben. Nein – es geht mir darum, dass Sie nicht mehr immerzu artig sein sollen, denn das ist eines der zahlreichen Synonyme des Wörtchens nett. Genauso wie adrett, diensteifrig, gefällig, lieb, reizend, willensschwach, nachgiebig und duldsam – und das ist nur eine kleine Auswahl an Gruseligkeiten, die alle klingen, als wären wir im 19. Jahrhundert gelandet. Mir fällt dazu sofort folgendes Gedicht ein:

„Sei wie das Veilchen im Moose,
bescheiden, sittsam und rein.
Nicht wie die stolze Rose,
die immer bewundert will sein.“

Lassen Sie sich das mal auf der Zunge zergehen! Ob man diesen beknackten Spruch wohl auch heute noch in Poesiealben findet? Ich fürchte es fast. Also: Schluss mit Bescheidenheit und Sittsamkeit! Und her mit, ja, mit was denn nun? Ich schlage vor: Klarheit. Genauer gesagt: freundliche Klarheit – und in Situationen, in denen Sie beispielsweise persönlich beleidigt werden und es eben nicht mehr freundlich geht, auch klare Sachlichkeit.

Das ist das, was ich Ihnen in diesem Buch Schritt für Schritt anhand vieler kleiner und mancher größerer Übungen vermitteln möchte: dass es möglich ist, zu sich und seiner Meinung zu stehen, ohne den anderen anzupöbeln. Das heißt nicht, dass Sie Ihr Gegenüber nicht auch verärgern könnten – dieses Risiko müssen Sie eingehen, wenn Sie nicht ewig nett sein wollen. Klar zu kommunizieren heißt auch manchmal, unbequem zu sein.

Klar zu kommunizieren heißt auch manchmal, unbequem zu sein.

Ihr Gewinn: Authentizität

Ich bin ganz sicher, dass Sie damit letztlich viel mehr gewinnen als verlieren. Sie werden aus diesem Prozess mit deutlich mehr Leichtigkeit herausgehen, denn die eigentlich ungewollte Nettigkeit und der damit verbundene Frust legen sich oft wie ein Panzer um uns und machen uns das Leben schwer. Das alles klaut nicht nur Lebenszeit, sondern auch ganz viel Energie, die Sie für andere Dinge viel besser nutzen können. Neben dem ganzen Ärger schränkt uns unsere Nettigkeit im Alltag oft auch viel zu sehr ein, weil wir anderen keine Grenzen aufzeigen – wir wollen es ja immer hübsch harmonisch haben. Da verbiegen wir uns lieber selbst, statt uns zu wehren, wenn jemand zu weit geht.

Also bitte: Halten Sie durch! Sie steuern auf ein wirklich lohnenswertes Ziel zu – es ist nämlich ganz schön toll, man selbst und mit sich im Einklang zu sein! Wenn es Ihnen schwerfällt, sich das konkret vorzustellen, empfehle ich Ihnen, möglichst viele Filme und Bücher zu lesen, in denen die Protagonisten genau das tun: sich selbst finden.

Und falls Sie jetzt sagen: „Aber so ein Film ist doch nicht das echte Leben!“, antworte ich Ihnen ganz gelassen, dass ich das weiß, es mir aber völlig egal ist, und im Übrigen: Aus Filmen und Büchern lässt sich unendlich viel lernen! Dazu gibt es mittlerweile sogar zahlreiche wissenschaftliche Studien. Filme und Bücher können identitätsbildend wirken, weil wir uns in die Protagonisten hineinversetzen und so einen Rollenwechsel vollziehen und mit der jeweiligen Person mitfühlen – und damit ganz neue und oft ungewohnte Verhaltensmuster kennenlernen.

VOM POPKORNKINO LERNEN

Zum Thema Authentizität (übrigens ein Wort, das ich sehr liebe, aber jedes Mal verfluche, wenn ich es sagen oder tippen muss) möchte ich Ihnen den Film „Der Teufel trägt Prada" ans Herz legen. Warum ausgerechnet diesen, auf den ersten Blick vielleicht sogar eher popcornkino-mäßigen Film und nicht etwas Tiefschürfenderes? Weil Sie darin aufs Beste sehen können, was mit jemandem passiert, der sich verbiegt und anpasst, um erfolgreich zu sein: Die Protagonistin wird sich selbst untreu – und vor allem wird sie dadurch sehr, sehr unglücklich. Und es ist so wunderbar zu sehen, wie sie sich aus diesem selbstgesponnenen Kokon wieder befreit und merkt: Es ist doch viel schöner, sie selbst zu sein.

Also: Schnappen Sie sich eine Packung Popcorn und ein Getränk, packen Sie sich aufs Sofa – und los geht's!

Kommt Ihnen das bekannt vor von einer Übung aus einem vorherigen Kapitel? Gut aufgepasst! Genau deswegen sollen Sie auch Ihre eigenen inneren Filme drehen – aber manchmal ist es eben auch schön, wenn das schon jemand für einen erledigt hat.

Tappen mehr Frauen als Männer in die Nettigkeitsfalle?

Eine Frage, die sich nicht so ganz einfach beantworten lässt. Mein subjektiver Eindruck ist: Ja – die Nettigkeitsfalle ist eher ein Frauenproblem. Ich kenne aber auch viele Männer, die sich zu viel gefallen lassen und zu selten Nein sagen.

Nun kann ja heutzutage vieles medizinisch untersucht werden: Wir können dank der bildgebenden Verfahren direkt ins Gehirn schauen und mit eigenen Augen sehen, welche Areale wann arbeiten, wie groß diese sind, wie sie sich verändern (z. B. wenn man regelmäßig meditiert) und vieles mehr. Auch die Untersuchung des Blutes und der darin enthaltenen Hormone belegt vieles, was bisher oft nur intuitiv gewusst wurde, aber eben ohne Beweis war.

> Die Nettigkeitsfalle ist eher ein Frauenproblem.

In Sachen Geschlechterunterschiede verwirren die Forschungsergebnisse aber eher. So war man lange Zeit davon überzeugt, dass sich das männliche Gehirn in vielen Punkten grundlegend vom weiblichen unterscheidet und unterschiedliche Verhaltensweisen daraus ableitbar wären – beispielsweise, dass Frauen empathischer seien als Männer oder besser im Multitasking. Besonders hübsch finde ich übrigens, dass vor etwa 150 Jahren behauptet wurde, dass Männer intelligenter seien als Frauen, weil das Gehirn der meisten Männer mehr wiegt – nach der Logik: mehr Masse, also auch mehr Hirnschmalz und damit mehr Schlauheit. Dieser Fehlschluss wurde jedoch längst widerlegt.

Im Verlauf der medizinischen Forschung gab es mal eindeutige Beweise für den biologischen Geschlechterunterschied, dann wieder nicht. Dann war man der Meinung, die Gehirne seien unterschiedlich verschaltet, was wiederum erklären könne, dass Männer und Frauen oft unterschiedlich reagieren. Eine Studie aus dem Jahr 2015 sagt: Typische Frauen- und Männerhirne gibt es nicht. Unser Denkorgan sei ein Mosaik aus beiden Anteilen. „Ja, was denn nun?", möchte man da rufen. „Ist alles Vererbung? Liegt es in den Genen, wie wir uns verhalten? Oder ist es doch die Erziehung?" Auf eine allgemeingültige Antwort werden wir wohl noch lange warten müssen – und wer weiß, ob es sie überhaupt jemals geben wird.

Eine Forschergruppe aus der Schweiz hat übrigens vor Kurzem herausgefunden, dass das Belohnungszentrum von Frauen anders reagiert als das von Männern: Frauen fühlen sich besser, wenn sie sozial und uneigennützig handeln, während bei Männern das Belohnungszentrum jubiliert, wenn sie egoistisch sind. Aber auch da steht die Frage im Raum: Woher kommt das? Erziehung? Gene?

Ganz ehrlich: Vielleicht ist das auch gar nicht so wichtig – was ich aber wichtig finde, ist der folgende Aspekt: Ob jemand als Mädchen oder Junge erzogen wird, hat Auswirkungen auf das Gehirn. Sie erinnern sich an das, was ich über die Neuroplastizität des Gehirns gesagt habe? Daraus lässt sich schließen, dass sich bestimmte Hirnareale mehr oder weniger gut entwickeln – je nachdem, ob und wie sie durch die Erziehungsmethode und die Erfahrungen, die wir machen, angesprochen werden.

Ob jemand als Mädchen oder Junge erzogen wird, hat Auswirkungen auf das Gehirn.

Nehmen wir noch mal das Beispiel des Schweizer Forschungsteams in Sachen Uneigennützigkeit versus Egoismus. Es könnte sein, dass die unterschiedlichen Reaktionen des Gehirns darauf zurückgeführt werden können, dass Frauen eben von jeher für andere Dinge gelobt werden als Männer: Nach wie vor ist es leider oft so, dass man den Jungs auf die Schulter klopft, wenn sie sich durchgesetzt haben. Die

Mädels dagegen werden eher dazu ermutigt, mit anderen zu kooperieren und nett (da haben wir es wieder!) zu den anderen zu sein.

Sie glauben mir nicht? Dann setzen Sie sich mal einen Tag an einen Spielplatz und beobachten die Eltern und ihre Kinder. Wenn Peter sich das Förmchen schnappt, das ihm Paul weggenommen hat, heißt es ganz schnell: „Gut gemacht! Ist ja schließlich deins!“ Will Eva aber ihre Schäufelchen nicht mit Paul teilen, hören wir ganz schnell ein: „Ach Eva, gib's ihm doch auch mal!“ Natürlich, es gibt auch diverse Gegenbeispiele – dennoch: Das ist das, was ich oft sehe, und ich denke schon, dass die kulturellen Erwartungen an Männer und Frauen – trotz aller Anstrengungen – noch immer sehr unterschiedlich sind. Und die Erziehung, ob bewusst oder unbewusst, eben auch noch.

Ich will hier kein Fass aufmachen – die Frage „Sind Frauen anders und Männer auch?“ kann ich hier ohnehin nicht umfassend beantworten. Das überlasse ich lieber anderen. Ich kann nur meine persönlichen Eindrücke wiedergeben, und die sind leider, dass Mädchen häufiger dazu erzogen werden zu gefallen als Jungs. Nach wie vor.

Warum erzähle ich Ihnen das alles überhaupt? Zum einen, damit Sie besser verstehen, woher Ihr Verhalten kommt. Übrigens muss dieses Lob fürs Nett-Sein gar nicht immer ausgesprochen werden – Kinder schauen sich viel von den Erwachsenen ab. Gerade in Sachen Glaubenssätze ist die Erziehung ein steter Quell von Erkenntnissen. Zum anderen möchte ich Sie dafür sensibilisieren, darauf zu achten, wie Sie mit Jungs und Mädchen umgehen. Ich erwische mich selbst bei unseren Patenkindern immer mal wieder dabei, dass ich die Jungs ermutige, etwas zu wagen (z. B. über einen Bach zu springen) und bei den Mädchen eher dazu neige, „Vorsicht! Das könnte gefährlich werden!“ zu rufen ...

Es gibt kein „Sei immer brav und nett“-Gen in unserer DNA – genau deswegen haben Sie die Chance, etwas zu verändern! Ist das nicht wunderbar?

BESTANDSAUFNAHME

Sie haben nun viel darüber gelesen, wie Sie mit diesem Buch arbeiten können, warum Veränderung möglich und warum nett nicht gleich nett ist. Die eine oder andere Übung haben Sie zum Einstieg auch schon absolviert. Lassen Sie uns jetzt richtig loslegen und erforschen, wie Sie ticken und was hinter Ihrer ewigen Nettigkeit stecken könnte. Wir starten mit einer Bestandsaufnahme: An welchen Stellen sind Sie total okay – und woran möchten Sie etwas ändern?

Wann sind Sie gerne nett?

Diese Bestandsaufnahme dient als Basis für alle weiteren Übungen. Spätestens jetzt kommt Ihr Notizbuch (oder was auch immer Sie nutzen) zum Einsatz: Legen Sie sich am besten drei große und eine kleine Spalte an – die großen sind für die Beschreibung der Situation, Ihre Begründung, warum es okay war, nicht nett zu sein, und Ihr dazugehöriges Gefühl. Die kleine Spalte brauchen wir später – die lassen Sie also einfach erst mal frei.

Und denken Sie dran: Lassen Sie immer ein wenig mehr Platz beim Schreiben, als Sie jetzt gerade eigentlich benötigen. Wir werden immer wieder auf die von Ihnen notierten Situationen zurückkommen, und wenn Sie gleich ein wenig mehr Luft lassen, müssen Sie weitere Gedanken nicht irgendwie dazwischenquetschen.

Wir legen los mit Situationen, in denen Sie gerne nett sind und in denen sich das auch gut anfühlt. Wenn Sie das jetzt stutzig macht: Ich finde es wichtig, erst mal zu schauen, wo Sie sich okay finden, ehe wir uns auf den Teil Ihres Handelns stürzen, in dem Sie sich mit sich selbst so gar nicht wohlfühlen. Sie erinnern sich: Positive Gefühle sind wichtig, um motiviert Neues zu lernen. Und ich bin mir sicher, dass Sie nicht immer unzufrieden mit sich sind!

Positive Gefühle sind wichtig, um motiviert Neues zu lernen.

Also, auf geht's! Schnappen Sie sich einen Stift und schreiben Sie auf, wann Sie gerne nett, hilfsbereit, fürsorglich, zuvorkommend sind. Wann sagen Sie gerne „Ja, mach ich"? Schreiben Sie bitte auch auf, warum es für Sie in Ordnung war, in der jeweiligen Situation nett zu sein – auch wenn das, was Sie gemacht oder gesagt haben, nicht Ihrer innersten Überzeugung entsprach. Ein wichtiger Indikator ist hier, ob Sie sich im Nachhinein nicht über sich selbst geärgert haben – denn dann war es auf jeden Fall okay für Sie. Ich habe Ihnen zur Anregung ein paar Beispiele mitgebracht.

Situation	Warum war es okay, nett zu sein?	Wie hat sich das Nett-Sein angefühlt?
Eine gute Freundin wurde von ihrem Freund verlassen und sagt: „Das ist, weil ich so dick bin." Meine Reaktion im Kopf: „Nun ja. Du hast tatsächlich in letzter Zeit ein bisschen zugelegt und auch die Körperpflege ein wenig vernachlässigt." Meine Reaktion in Worten: „Quatsch! Der Typ ist ein Idiot!"	Weil es ihr im Moment ohnehin schon schlecht geht, muss ich nicht auch noch draufhauen. Sie wird selbst darauf kommen, sich wieder mehr um sich zu kümmern – und falls nicht, gibt es bessere Gelegenheiten, ihr das zu sagen.	Ich war in dem Moment voller Mitgefühl – nicht nett sein war überhaupt keine Option! In erster Linie war ich fassungslos, weil der Typ sie auf eine sehr gemeine Art abgeschossen hat. Und auch ein bisschen erleichtert, weil wir ihn nun endlich los waren.
Eine Kollegin fragt, ob ich ihr helfen kann, einen Serienbrief zu verfassen. Meine Reaktion im Kopf: „Das hab ich dir schon hundertmal gezeigt – schreib's dir halt mal auf!" Meine Reaktion in Worten: „Klar, ich komm in fünf Minuten zu dir und wir machen das zusammen."	Weil ich weiß, dass die Kollegin sich das nun mal nie aufschreiben wird – und ich mich trotzdem freue, dass sie immer mich fragt und ich ihr Büro dann als Technik-Queen verlasse. Meistens gibt's noch ein nettes Pläuschchen und ein Stück Schokolade dazu. Ein Gewinn für beide Seiten – alles fein.	Ich war an dem Tag gut gelaunt, fröhlich, fühlte mich gebraucht und wertgeschätzt – und motiviert, weil die Kollegin mir glaubhaft versichert hat, dass sie das ohne mich niemals hinbekommen hätte.
Bei meinem Tierarzt gibt es keine Anmeldung. Die Praxis besteht nur aus ihm und einer Helferin. Man setzt sich einfach in den Warteraum und kommt dann der Reihe nach dran. Ich sitze mit meinem Hund dort. Eine Frau betritt den Raum, deren Hund ziemlich Schiss hat. Er quiekt und jault – und als die Tür des Behandlungsraums aufgeht, drängelt sie sich sofort rein, ohne zu fragen, ob sie vor darf. Zack, ist die Tür zu. Meine Reaktion im Kopf: „Äh." Meine Reaktion in Worten: „Aha. Nun ja."	Weil ich sie sowieso vorgelassen hätte – das Gejaule hätte ich keine fünf Minuten ausgehalten. Zugegeben: In einer weniger gelassenen Tagesform hätte ich sie beim Rausgehen vermutlich angeraunzt, aber an dem Tag war das einfach okay. Sie hatte Not (wer weiß, der arme Hund hat ja vielleicht was Schlimmes) und einen Tunnelblick, ich war großmütig und hatte Zeit. (Übrigens: Beim Rausgehen hat sie sich tausendmal entschuldigt und war zuckersüß – der Hund hatte tatsächlich was Schlimmes. Also: alles richtig gemacht!)	Ich fühlte mich gelassen und war ein bisschen stolz auf meine Großmütigkeit. Auch ein bisschen besorgt ob des Zustands des Hundes (ich fühle bei so was immer gleich mit). Und ja, ich geb's zu: Ich habe auch ein kleinen Moment triumphiert, weil mein Hund ganz relaxt liegengeblieben ist und auf die kleine Heulboje null reagiert hat.

Kleiner Exkurs zum Thema Gefühle

Ich erlebe es immer wieder in Coachings oder Workshops, aber auch in ganz normalen Gesprächen, dass meine Gesprächspartner ihre Gefühle nicht benennen können. Auf die Frage „Wie hast du dich denn in der Situation gefühlt?“ kommt gern ein „Das war schön!“ oder auch ein überaus aussagekräftiges „Gut!“ oder „Geht so.“ Wenn ich dann anmerke, dass das aber keine Gefühle sind, werde ich meistens erst mal groß angeguckt.

Viele Menschen haben leider verlernt, dass es in Sachen Gefühl mehr gibt als fröhlich und traurig – und selbst diese Zuordnung bekommen sie nicht immer hin. Woher kommt das? Ich glaube, es liegt daran, dass sie irgendwann gesagt bekommen haben, dass Gefühle lästig sind. Dass Gefühle uns, beispielsweise in unseren Entscheidungen, viel zu sehr beeinflussen – Bauchentscheidungen waren lange Zeit ausgesprochen verpönt! Oder auch im Arbeitsalltag: Da sollen wir doch schließlich funktionieren und nicht fühlen! Gefühle waren lange – und sind es leider teilweise auch noch heute – ein Zeichen der Schwäche. Wie heißt es so schön: „Ein Indianer kennt keinen Schmerz.“ So ein Mumpitz!

Außerdem werden wir selten ehrlich gefragt, wie es uns geht. „Wie geht's?“ ist zu einer Floskel verkommen, und oft antworten wir nur noch mit einem einsilbigen „Muss ja!“ oder „Ganz gut.“ Meine Erfahrung ist auch, dass manche Gesprächspartner gar keine ehrliche Antwort auf diese Frage hören wollen. Eine Freundin von mir fragt bei unseren Treffen mittlerweile lieber: „Was bewegt dich im Moment?“ Eine tolle Frage, die gleich sehr viel mehr Spielraum bietet und das Gegenüber zum Nachdenken auffordert.

Viele Menschen haben leider verlernt, dass es in Sachen Gefühl mehr gibt als fröhlich und traurig.

Ich bin überzeugt, dass es deutlich weniger Fälle von Burn-out gäbe, wenn wir nicht verlernt hätten, auf unsere Gefühle zu hören – sie sind nämlich spitzenmäßige Durch-die-Welt-Lenker und holen uns augenblicklich ins Hier und Jetzt. Ich habe einen Großteil meiner Entscheidungen aus dem Bauch heraus getroffen – und gerade die, die lebensentscheidend waren, haben sich immer als genau passend für mich herausgestellt.

Also bitte: Beschneiden Sie sich nicht um diese überaus wertvollen Steuerungsinstrumente, sondern nutzen Sie sie! Und zwar die volle Bandbreite. Auch das ist etwas, das in unserer Gesellschaft leider weit verbreitet ist: Du bist schlecht drauf? Geht nicht! Du bist traurig? Gibt's nicht! Du bist gerade erschöpft? Bloß nicht drüber reden! Aber wir brauchen beide Seiten, um durchs Leben zu kommen, die schönen genauso wie die unangenehmen Gefühle. Gerade Letztere spielen bei Ihrem Ausstieg aus dem Nettigkeits-Hamsterrad eine große Rolle, weil Sie sie als Signale für sich selbst nutzen können.

Wenn Sie Ihre negativen Gefühle ignorieren, entgeht Ihnen die Chance, eine Lösung für Ihr Problem zu finden.

Auch wenn es erst mal schräg klingt: Negative Gefühle wie Wut, Ärger und Traurigkeit haben es verdient, positiv betrachtet zu werden. Ich greife an diese Stelle auf das Wissen der von mir sehr geschätzten Maja Storch zurück, die das Ganze in dem Buch „Embodiment" wie folgt beschrieben hat:

> *„Gefühle und Stimmungen sind wichtige Signalgeber. Wenn Sie ein starkes negatives Gefühl verspüren, sollten Sie diese Tatsache auf jeden Fall sorgfältig registrieren und gründlichst versuchen, dahinterzukommen, was die Ursachen dafür sind. Dies tut man, um strategisch und gezielt nach guten Lösungen suchen zu können, die Abhilfe schaffen. Sobald Sie ein negatives Gefühl bemerkt haben, besteht in den meisten Fällen kein Grund mehr, diese unangenehme Verfassung aufrechtzuerhalten."*

Das bedeutet übersetzt: Wenn Sie Ihre Gefühle, vor allem die negativen, ignorieren, entgeht Ihnen die Chance, eine Lösung für Ihr Problem zu finden. Kennen Sie diese Leuchtbojen auf dem Meer oder in großen Flüssen? Stellen Sie sich vor, dass das Ihre Gefühle sind – sie lenken Sie, fahren aber nicht weiter mit, sondern bleiben, wo sie sind. Ohne diese Bojen würden die Schiffe ans Ufer krachen oder auf Sandbänken liegenbleiben. Sie werden also unbedingt gebraucht, aber es ist nicht nötig, sie ständig mit sich herumzutragen oder gar vor sich her zu schieben.

Ein ehemaliger Kollege von mir konnte das sehr gut: Wenn er sauer war, schob er eine Wolke aus Wut und Ärger vor sich her, so dass sich alle immer sehr schnell aus dem Staub machten. Das Ergebnis: Er nahm sich durch diese Wutwolke jede Chance, eine Lösung zu finden, denn das gallegelbe Ding versperrte ihm die Sicht und vertrieb die Menschen, die ihm hätten helfen können.

Peter Christian Dogs und Nina Poelchau schreiben zur Wut in dem Buch „Gefühle sind keine Krankheit“:

> *„Wut ist Lebendigkeit pur. [...] Manche können nicht formulieren, was sie stört. Sie fühlen sich schlecht, man sieht es ihnen auch an – aber sie haben keine Antwort auf die Frage, was los ist. [...] Menschen, die so leben, werden irgendwann einmal depressiv, denn ihre Gefühle richten sich wie eine schwere Waffe gegen sie. Oder sie explodieren eines Tages.“*

Genau das konnte ich früher ausgesprochen gut – in meiner Wut habe ich so manches gesagt, das ich im Nachhinein gerne wieder in meinen Mund zurückgestopft hätte. Aber „Grumpie“ (so hat eine Freundin meine Wut mal sehr treffend genannt) war leider schneller als mein Hirn ... Mittlerweile kommt Grumpie nur noch sehr selten und in den richtigen Situationen zum Vorschein. Ich habe sie sozusagen in meinem Sinn erzogen und gelernt, rechtzeitig meinen Mund aufzumachen.

Wichtig ist für Sie zu wissen:

1. Sie tun sich und den anderen etwas Gutes, wenn Sie rechtzeitig sagen, was Sie stört. Damit sorgen Sie gut für sich und auch für die anderen. Ein schlechtes Gewissen ist unnötig (außer Sie sind wirklich ausgerastet). Lassen Sie sich da von Ihren Gefühlen nicht ins Bockshorn jagen: Im ersten Moment fühlt es sich meistens doof an, jemanden zu kritisieren. Das gute Gefühl, richtig gehandelt zu haben, ist leider ein bisschen träge und kommt erst danach – aber: Es kommt!
2. Je früher Sie sagen, was Sie stört, und je klarer Sie Ihre Bedürfnisse äußern, desto weniger trauen sich die anderen. Eine Freundin von mir fühlte sich immerzu von ihren Kollegen schlecht behandelt, und als sie mir ihr Leid klagte, sagte sie zu mir: „Dir würde so was ja gar nicht erst passieren." Als ich sie fragte, wie sie darauf käme, war ihre Antwort: „Weil du so viel Selbstbewusstsein ausstrahlst, dass die anderen sich gar nicht erst trauen, dich schräg von der Seite anzuquatschen." (Zu Ihrer Beruhigung: Das ist nicht immer so. Aber meistens.) Mithilfe dieses Buches werden Sie auch an Ihrem Selbstbewusstsein arbeiten. Wir werden Ihren inneren Glaubenssätzen auf die Schliche kommen, und Sie bekommen einiges an die Hand, das dazu beitragen wird, dass Ihnen so schnell keiner mehr blöd kommt.

Jetzt möchte ich Ihnen aber erst einmal eine Übung vorschlagen, mit deren Hilfe Sie lernen, sich selbst wieder mehr zu spüren. Ich weiß, „sich selbst spüren" klingt erst mal ein bisschen esoterisch, aber testen Sie es bitte mal. Ich sehe immer wieder in meinen Seminaren, dass es bei dieser Übung echte Aha-Effekte gibt!

Übung: Achtsam durchs Leben laufen

Aus meinen Kursen und Büchern zum Thema Achtsamkeit habe ich viele tolle Übungen mitgenommen, die auf den ersten Blick völlig unspektakulär wirken, es aber in sich haben. Eine davon lautet: Achtsam durchs Leben laufen. Sie denken jetzt vielleicht (genau wie ich anfangs): „Wo ist das Problem? Ich renne nicht ständig gegen Straßenlaternen und verbrenne mir auch nicht die Finger an der heißen Herdplatte. Ich bin doch achtsam!"

Doch das reicht nicht. Ich möchte Sie bitten, in den nächsten Wochen immer wieder innezuhalten, in sich hineinzuhorchen und zu benennen, wie es Ihnen gerade geht – und zwar nicht nur „gut" oder „müde", sondern sehr viel detaillierter. Worüber freuen Sie sich gerade? Und worüber ärgern Sie sich? Sind Sie fröhlich, traurig, irritiert, enttäuscht, verwirrt, hilflos, amüsiert, ausgelassen, beflügelt, bewegt, gespannt, stolz, beleidigt, empört ...? Erstaunlich, wie vielfältig unsere Gefühlswelt sein kann! Und das ist nur eine kleine Auswahl an Gefühlen, die es gibt.

Also, auf geht's! Gehen Sie auf Gefühls-Entdeckungsreise. Wenn Sie jemand sind, der so etwas gerne schriftlich festhält, nutzen Sie dafür Ihr Notizbuch.

Wenn Sie merken, dass Sie Ihre Gefühle nicht richtig benennen können, werfen Sie mal einen Blick in die Bücher von Gerlinde Ruth Fritsch (siehe Literaturliste im Anhang des Buches). Sie können aber auch einfach mal „Liste Gefühle" googeln und werden viele Treffer landen. Drucken Sie sich eine dieser Listen aus und stecken Sie sie in Ihre Handtasche, Ihren Kalender usw., so dass Sie sie jederzeit rausholen und draufschauen können. Sie werden merken, dass es Ihnen im Lauf der Zeit immer besser gelingen wird, Ihre Gefühlswelt differenzierter zu betrachten und auch zu benennen.

Das ist eine hervorragende Grundlage für alle weiteren Übungen in diesem Buch, denn je genauer Sie sagen können, wie es Ihnen geht, desto leichter können Sie auch die Ursachen für Ihre Gefühle herausfinden. Das ist ein bisschen wie bei der Reparatur eines Autos. „Das Auto ist kaputt!" hilft dem KFZ-Mechaniker nicht viel. Ein „Beim Lenken macht das Auto ein bestimmtes Geräusch, aber nur, wenn es geregnet hat" hilft da schon weiter.

Wenn Sie den Eindruck haben, dass Sie Ihre Gefühlswelt besser benennen können, schnappen Sie sich bitte auch noch Ihre Liste mit den unterschiedlichen Situationen. Vielleicht können Sie etwas ergänzen oder genauer beschreiben? Je besser Sie sich selbst kennen, desto leichter wird es Ihnen auf Dauer fallen, sich anders zu verhalten.

Wann waren Sie schon einmal erfolgreich nicht nett?

Jetzt machen wir uns auf die Suche nach Situationen, in denen Sie bereits erfolgreich nicht nett waren. Eventuell müssen Sie da etwas länger grübeln oder benötigen die Unterstützung anderer. Gerade bei dieser Aufgabe ist es nicht nur okay, sondern ausgesprochen erwünscht, wenn Sie den Telefon- oder Publikumsjoker ziehen! Denn ich wette, dass es einige Situationen gibt, die Sie gar nicht als erfolgreich wahrgenommen haben – Ihr Umfeld aber sehr wohl. Von besonderem Interesse ist hier, wie Sie sich gefühlt haben, wenn Sie aus dem Nettigkeits-Hamsterrad ausgestiegen sind. Auch dafür habe ich Ihnen ein paar Beispiele mitgebracht:

Situation	Warum war es okay, nicht nett zu sein?	Wie hat sich das Nicht-nett-Sein angefühlt?
Ich bin schon vor längerer Zeit für einen Workshop angefragt worden. Termin war notiert, Konditionen abgemacht. Eine Woche vor dem Workshop kommt die Frage, ob ich mein Honorar reduzieren könnte, da nur wenige Anmeldungen eingegangen seien, man den Workshop aber nicht absagen wolle und so die Kosten reduzieren könne. Ich habe abgelehnt mit dem Hinweis, dass weniger Teilnehmer für mich nicht weniger Arbeit bedeuten und mein Preis ohnehin schon sehr entgegenkommend war.	Weil ich mich nicht unter Wert verkaufe und weiß, dass mein Honorar gerechtfertigt ist. Natürlich kann ich jeden Cent gut brauchen (hey, ich besitze ein 200 Jahre altes Haus – noch Fragen?), aber ich würde mich in erster Linie ärgern, wenn ich zustimme – und Ärger ist ein zu hoher Preis. Immer.	Für eine Sekunde doof, aber dann ganz schnell sehr gut. Ich war verärgert, weil ich die Frage tatsächlich unverschämt finde – und dann stolz, weil ich mich nicht im Preis habe drücken lassen. Und zufrieden, weil ich gemerkt habe: Ich habe was dazu gelernt. Hätte ich vor ein paar Jahren noch anders gemacht – und mich ordentlich über meine Nachgiebigkeit geärgert!

Situation	Warum war es okay, nicht nett zu sein?	Wie hat sich das Nicht-nett-Sein angefühlt?
Ich hatte in einem Geschäft für Tierbedarf eine Quietsche-Ente aus Stoff für meinen Hund gekauft. Pippa war sofort schwer verliebt in die Ente und kaute fröhlich drauf herum – für etwa eine Stunde. Dann war das Ding hinüber. Ich habe es zurückgebracht – die Verkäuferin schaut kurz hoch, sagt „Die halten ja auch nichts aus, die tauschen wir nicht um" und dreht sich weg. Ich habe darauf bestanden, die Chefin zu sprechen. Nach längerem Hin und Her habe ich mein Geld zurückbekommen.	Weil das unverschämt von der Verkäuferin war. Klar, es gibt auch Kunden, die Sachen aus nicht nachvollziehbaren Gründen zurückgeben oder unfreundlich sind. War bei mir beides nicht der Fall. Sogar der Kassenbon war noch vorhanden.	Ich war zuerst etwas angestrengt – sich gegen eine solche Art zur Wehr zu setzen, braucht Kraft. Ich war aber auch wütend genug, um mich zu wehren – aber auf eine sehr überlegte und ruhige Art und Weise. Ich war ziemlich stolz darauf, dass ich nicht lockergelassen habe, aber nicht ausgeflippt bin.
Vor einigen Jahren habe ich eine Freundschaft beendet. Jahrelang habe ich mir von einer Freundin angehört, wie ungerecht die Welt zu ihr ist, wie schlimm die Männer, wie unfair die Arbeitswelt, wie wenig Geld sie hat, wie wenig Glück ... Jegliche Vorschläge, wie sie ihre Lebenssituation verbessern könnte, verpufften. Sie wollte sich lieber in ihrem Leid suhlen. Als sie mal wieder einen Mann zum Teufel gejagt hatte, der diesmal tatsächlich Potenzial gehabt hätte und dem sie – aus meiner Sicht – ganz unmögliches Zeug vorgeworfen hatte, platzte mir der Kragen. Ich habe sie angesehen und ihr gesagt, dass ich mir ihr Gejammere nicht länger anhöre. Wenn mein Pragmatismus aber wieder gefragt sei, könne sie sich gerne wieder melden – und bin gegangen.	Ich finde es okay, sich auch mal über die Schlechtigkeit der Welt zu beschweren. Es gibt Tage, da muss das einfach sein. Grundsätzlich ist aber jeder für sich und sein Leben selbst verantwortlich – und wer nicht bereit ist, auch mal den Hintern zu heben und anzupacken, sondern immer nur rumnölt, dem muss ich nicht länger zuhören. Ich war jedes Mal genervt, wenn ich mich mit ihr getroffen habe, und hatte teilweise noch tagelang danach schlechte Laune. Diese Freundschaft ging auf meine Kosten. Irgendwann ist dann auch mal gut.	Erleichternd. Ich hatte mir schon so oft vorgenommen, ihr mal meine Meinung zu sagen – endlich war es raus. Großartig! Übrigens hat mir diese Freundin später eine Mail geschrieben, ich wäre eben nur eine Schön-Wetter-Freundin und könnte ihren Kummer wohl nicht aushalten. Ich habe herzlich gelacht und die Mail gelöscht.

Na, wie sieht Ihre Liste aus? Sind es eher kleinere Begebenheiten oder sind auch so richtig dicke Dinger dabei? Wichtig ist: Egal, wie groß oder klein, ob lebensverändernd oder eher belanglos – Sie waren erfolgreich, und das zählt. Immer, wenn uns etwas gelingt, wenn wir dafür vielleicht sogar über unseren Schatten springen, verstärken wir unseren Vorrat an Selbstwirksamkeit.

Immer, wenn uns etwas gelingt, verstärken wir unseren Vorrat an Selbstwirksamkeit.

Was ist Selbstwirksamkeit?

Ursula Nuber, die Chefredakteurin der empfehlenswerten Zeitschrift „Psychologie heute" und Autorin zahlreicher Bücher, hat die Selbstwirksamkeit in einem Artikel so beschrieben:

> *„Das Konzept Selbstwirksamkeit wurde von dem Psychologen Albert Bandura entwickelt. Wer Selbstwirksamkeit besitzt, der glaubt daran, seine Ziele aus eigener Kraft erreichen und Situationen durch eigenes Handeln beeinflussen zu können. Das Ausmaß der Selbstwirksamkeit beeinflusst, wie motiviert und überzeugt man an Aufgaben und Herausforderungen herangeht. Menschen mit einer hohen Selbstwirksamkeit nähern sich einer Herausforderung oder schwierigen Aufgabe mit der Haltung ‚Das schaffe ich schon.'"*

Doch wie entsteht dieses „Ich schaffe das"-Gefühl? Sie ahnen es bereits: unter anderem, indem Sie sich klarmachen, wann Sie das, was Sie schaffen wollen, schon einmal geschafft haben, und sich Erfolge gut einprägen. Genau die vergessen wir nämlich recht gern und erinnern uns leider viel leichter an unsere Misserfolge. Sie verstehen jetzt vielleicht noch besser, warum es mir so wichtig ist, dass Sie so viel

Das „Ich schaffe das"-Gefühl entsteht, indem Sie sich klarmachen, wann Sie das, was Sie schaffen wollen, schon einmal geschafft haben, und sich Erfolge gut einprägen.

notieren, denn: Was in Ihrem Notizbuch steht, das können Sie so schnell nicht vergessen!

Und was ist, wenn Sie keine Beispiele für Ihr bereits erfolgreiches Nicht-nett-Sein finden? Ganz ehrlich: Dann glaube ich Ihnen nicht. Dann haben Sie noch nicht genug in Ihrem Hirn gebuddelt und nicht ausreichend herumgefragt. Aber selbst wenn diese Seite bei Ihnen erst mal leer bleibt – dann ist das eben so. Sie werden sich im Lauf der Zeit jede Menge Beispiele erarbeiten, die Sie dann dort eintragen können.

Der Vollständigkeit halber möchte ich Ihnen die weiteren Elemente der Steigerung oder Entwicklung der eigenen Selbstwirksamkeit auf den Weg geben:

- Beobachtung anderer Menschen. Suchen Sie sich Vorbilder, an denen Sie sich orientieren können. Beobachten Sie, wie diese sich verhalten. Fragen Sie sie (wenn das möglich ist), wie sie es schaffen, so zu sein, wie sie sind. Daraus ergeben sich oft wunderbare Gespräche!
- Ermutigung. Was Sie bei Rückschlägen tun können, haben wir bereits besprochen. Auch wie Sie Ihr Umfeld als Stütze einbauen können.
- Körperliches Empfinden. Dazu kommen wir ausführlicher im Kapitel „Durch äußere Haltung innere Stabilität erreichen“. Ein sehr spannendes Kapitel, denn über den Körper können Sie viel mehr steuern, als Sie im ersten Moment denken.
- Ihre Sprache. Auch dazu bekommen Sie ein ganzes Kapitel von mir geliefert („Du bist, wie du sprichst“), denn Sprache ist ein ausgesprochen wirksames Steuerungsinstrument, sowohl nach außen als auch nach innen!

Wann wären Sie gerne nicht nett gewesen, waren es aber doch?

Jetzt fangen Sie an herauszuarbeiten, in welchen Situationen Sie gerne weniger nett gewesen wären. Situationen, in denen Sie sich geärgert haben, weil Sie den Mund gehalten haben. In denen Sie vielleicht auch einfach sprachlos waren, weil jemand so unglaublich unverschämt zu Ihnen war. Und nein, Sie bekommen jetzt keine kalten Füße und laufen auch nicht vor Schreck davon – schließlich haben Sie sich dieses Buch gekauft, weil Sie etwas ändern wollen. Und ich verspreche Ihnen: Wir fangen ganz vorsichtig an!

Wie gewohnt habe ich schon mal ein paar Punkte zusammengetragen, zur Anregung Ihrer eigenen Erinnerungen. Wichtig ist hier, dass Sie nicht nur die richtig heftigen Momente auflisten, sondern möglichst unterschiedliche – auch wenn manche Ihnen als viel zu banal erscheinen. Banal gibt es in diesem Zusammenhang nicht – alles ist wichtig, und Sie benötigen diese Liste, um einen Übungsplan aufzustellen.

Situation	Warum waren Sie zu nett?	Wie hat sich das ungewollte Nett-Sein angefühlt?
Mir an der Wursttheke statt der gewünschten 100 g Schinken doch 150 g aufschwatzen lassen.	Ich war müde und etwas überrumpelt. Außerdem hat mich die Verkäuferin ziemlich resolut abgefertigt, ohne mich so richtig wahrzunehmen. Ich war nicht schnell genug, hinter mir drängelten die nächsten Kunden, und ich war gestresst.	Doof. Unangenehm. Ich war eh schon gestresst, und dass ich mich über mich geärgert habe, hat mich noch mehr gestresst.

Situation	Warum waren Sie zu nett?	Wie hat sich das ungewollte Nett-Sein angefühlt?
Wir haben im Büro abgemacht, dass wir nicht über den Flur brüllen, sondern aufstehen und zum jeweiligen Kollegen hingehen, ihn anrufen oder eine Mail schicken. Ein Kollege hält sich partout nicht dran und plärrt ständig seine Rückfragen von Zimmer zu Zimmer. Statt ihm zu sagen, dass mich das nervt, schließe ich meine Tür, obwohl ich das nicht gern mache, weil ich dann nichts mehr von draußen mitbekomme.	Weil ich keinen Bock auf die Diskussion hatte, die sich – zum tausendsten Mal – an meine Bitte, sich an die Regeln zu halten, angeschlossen hätte. Der Typ checkt's einfach nicht. Seine Antwort lautet jedes Mal: Dann mach halt deine Tür zu, wenn's dich nervt.	Beschissen. Puls auf 180, Blutdruck gleich hochgeschossen und mich noch zehn Minuten über den Idioten geärgert – so sehr, dass ich in einer Mail einen ganz doofen Tippfehler übersehen habe. Daheim hab ich dann meinem Mann davon erzählt und mich noch mal geärgert.
Ich habe seit einigen Monaten einen neuen Nachbarn. Er wohnt über mir. Und er steht auf sehr laute, sehr schlechte Musik. Vorwiegend nachts um drei, so dass ich oft senkrecht im Bett stehe, wenn er die Anlage aufdreht. Auf meine höfliche Bitte, die Musik leiser zu drehen, reagierte er unverschämt und beleidigend. Seitdem versuche ich, mich mit Ohrstöpseln von dem Lärm abzuschirmen – klappt natürlich nur bedingt.	Weil der Typ mir Angst macht. Er ist mir zwar körperlich eher unterlegen, aber meistens ziemlich besoffen und latent aggressiv. Ich glaube nicht, dass ich gegen ihn ankommen würde.	Bedrückend, weil ich mich so machtlos fühle. Außerdem verzweifelt, weil ich mich daheim nicht mehr wohlfühle.

Ich weiß – diese Liste zu erstellen, macht keinen Spaß. Schließlich konfrontieren Sie sich mit lauter Schmerzpunkten in Ihrem Leben – und indem Sie sich an sie erinnern, kommen auch die dazugehörigen Gefühle wieder hoch, denn unser Gehirn speichert das immer zusammen ab. Aber es hilft nichts: Da müssen Sie jetzt durch. Aber da Sie ein tolles Ziel haben, werden Sie jetzt auch nicht aufgeben. Am Ende dieses Buches werden Sie die unangenehmen Erinnerungen mit guten Erlebnissen überschrieben haben – und es wird Ihnen so schnell keiner mehr die Butter vom Brot nehmen. Und selbst wenn das mal passiert, werden Sie gelassener damit umgehen können.

Am Ende dieses Buches werden Sie die unangenehmen Erinnerungen mit guten Erlebnissen überschrieben haben.

Die Liste können Sie natürlich immer erweitern – manches fällt einem erst nach und nach wieder ein. Ich bin beispielsweise die typische Kandidatin, bei der sich Erinnerungen gern unter der Dusche oder beim Hundespaziergang an die Oberfläche arbeiten. Aber: Hören Sie auch irgendwann auf – Sie müssen nicht alles aufschreiben, Hauptsache, Sie haben eine Sammlung, mit der Sie weiterarbeiten können.

Die Sache mit der Tagesform

Vielleicht ist es Ihnen an den oben aufgeführten Beispielen oder auch an Ihren eigenen aufgefallen: Wie Sie reagieren, ist von unzähligen Faktoren abhängig. Wie gut haben Sie letzte Nacht geschlafen? Sind Sie gerade hungrig oder satt? Sind Sie wetterfühlig und kommen ganz durcheinander, wenn auf einmal die Sonne scheint? Ist Ihnen heute schon viel Gutes widerfahren oder nur lauter Nervkram? Ich könnte diese Fragen unendlich erweitern. Fest steht: Je nach Tagesform sind wir mehr oder weniger gelassen, mehr oder weniger flexibel im Denken, mehr oder weniger gnädig anderen und uns selbst gegenüber.

Was heißt das nun für Sie?

1. Beobachten Sie sich selbst und notieren Sie in Ihren Listen in der ersten Spalte auch immer Ihre Tagesform dazu. Da können wertvolle Erkenntnisse für Sie herauskommen, zum Beispiel so etwas wie „Immer morgens bin ich besonders gerne nett“ oder „Ohne Nachmittagskäffchen bin ich unzurechnungsfähig und kann dann besonders schlecht Nein sagen.“ Dann wissen Sie: Immer schön an das Kaffeeritual halten – dann überredet der Kollege Sie nicht so schnell, seine Aufgaben zu übernehmen.
2. Seien Sie nachsichtig mit sich selbst, wenn’s mal nicht so läuft – und überlegen Sie, was der Grund dafür sein könnte. Wenn ich unleidlich bin, liegt das meistens an einem von drei Auslösern: Ich habe zu wenig oder schlecht geschlafen, ich bin hungrig oder ich muss mal. Und manchmal ist es eben einfach, wie es ist – nicht jede schlechte Laune muss immer einen Auslöser haben. Wenn

Sie gute Laune haben, fragen Sie sich ja auch nicht immer, woher die nun kommt. Wichtig ist: Man braucht auch mal Tage, an denen sich alles setzen kann – und selbst wenn Sie den Eindruck haben, dass dann nichts passiert, passiert ganz viel in Ihrem Oberstübchen. Sie bekommen nur nicht aktiv mit, was in Ihrem Unterbewusstsein gerade los ist.

3. Überlegen Sie, wie Sie Ihre Tagesform positiv beeinflussen können. Bei mir geht das zum Beispiel hervorragend mit Schokolade, einem langen Hundespaziergang, einem guten Gespräch mit meinem Mann, einer (Kaffee-)Pause oder ein paar tiefen Atemzügen.

Auf einer Skala von 1 bis 10 ...

Nun möchte ich Sie bitten, die bereits notierten Situationen zusätzlich auf einer Skala von 1 bis 10 zu bewerten. Die Zahlen schreiben Sie in die vierte, schmale Spalte. 1 bedeutet: „War zwar irgendwie doof, war mir letztendlich aber auch egal." 5 bedeutet: „Das hat mich schon beschäftigt, war aber nach ein paar Tagen abgehakt." 10 bedeutet: „Das hat mich unfassbar verärgert und getroffen, und ich werde das auch noch nach Jahren mit mir herumtragen."

Ganz wichtig: Hier geht es wirklich nur um Ihre ganz subjektive Wahrnehmung! Es ist völlig unerheblich, was andere in Ihrer Situation empfinden. Es gibt immer schlaue Menschen, die Ihnen sagen: „Ach komm, das ist doch nicht so schlimm ..." Und klar – auf den ersten Blick ist es vielleicht auch nicht schlimm, dass Ihnen die Wurstverkäuferin immer 50 g Schinken zu viel verkauft. Doch könnten wir solchen Situationen auf rationale Art und Weise begegnen, bräuchte niemand dieses Buch – dann hätte sich das Problem von selbst erledigt. Aber wir sind nun mal Menschen und geprägt durch unsere ganz individuelle Geschichte – und was für den einen Pillepalle ist, ist für einen anderen ein tiefgreifendes und bewegendes Problem. Also,

Was für den einen Pillepalle ist, ist für einen anderen ein tiefgreifendes und bewegendes Problem.

sehen Sie sich Ihre Liste in Ruhe an und wägen Sie ab: Welche Situation bekommt eine 3, welche eine 5 usw.?

Warum lasse ich Sie die Situationen bewerten? Zum einen hilft es, das ganze Paket, das Sie da mit sich rumschleppen, nicht nur zu unterteilen, sondern auch einzusortieren. Ich bin kein Fan von Schubladendenken, aber hier ist es wirklich hilfreich. Wenn Sie etwas in die „Ja, war doof, aber insgesamt halb so wild"-Schublade stecken können, wissen Sie schon mal: Der Brocken ist gar nicht so groß, den kann ich schaffen. Dafür können Sie die „Uff, das war echt heftig und hat mich lange beschäftigt/tief getroffen"-Schublade einfach erst mal zulassen. Sie wissen: Da ist das Problem fürs Erste gut aufgehoben. Es wird nicht vergessen, sondern für einen späteren Zeitpunkt geparkt. Und wer weiß – ich habe schon erlebt, dass sich genau diese Punkte wie durch Zauberhand in Luft auflösten, sobald andere gelöst waren.

Also: Unterteilen und Einsortieren ist gut. Spannend ist hier auch die Frage: Was könnte hinter den einzelnen Situationen stecken? Mich zum Beispiel hat es tagelang verfolgt, dass ich diese eine blöde Tante aus der Hundeschule nicht sofort zurechtgewiesen habe, als sie meinen Hund gefüttert hat, obwohl sie ganz genau wusste, dass das nicht gewünscht ist. Meinem Mann wäre das völlig egal gewesen.

Also: Warum triggern uns manchmal Situationen, die auf den ersten Blick so harmlos daherkommen, oft mehr, als objektiv betrachtet nötig wäre? Bei der Hundelady habe ich für mich die Erklärung gefunden: Sie hat mich von Anfang an mit ihrer Besserwisserei genervt. Und Sie müssen wissen: Mich zu belehren oder zu erziehen, ist keine schlaue Idee – das kann ich absolut nicht leiden. Es ist nicht so, dass ich nicht gerne dazulerne, aber ich suche mir meine Lehrer gut aus. Ungefragt spielt bei mir niemand den Professor. Die Leckerli-Episode war also nur der Tropfen, der das Fass zum Überlaufen gebracht hat. Leider konnte ich nie ordentlich

> Fragen Sie sich: Warum triggert Sie das eine Erlebnis mehr als das andere?

aufwischen, denn Mrs. „Ich füttere mal deinen Hund, obwohl ich es nicht soll“ ist nie wieder aufgetaucht.

Fragen Sie sich also: Warum triggert Sie das eine mehr als das andere Erlebnis? Je höher die Zahl ist, die Sie bei den einzelnen Begebenheiten eintragen, desto wichtiger ist es, hinter die Kulissen zu schauen. Das werden wir hier auch tun. Allerdings ist meine Erfahrung, dass das nur bis zu einer bestimmten Grenze möglich ist. Wenn Sie also merken, dass Sie an einem Punkt angelangt sind, an dem Sie allein nicht mehr weiterkommen, bei dem Sie aber merken: Hey, da steckt noch mehr dahinter, was sich anzusehen lohnt, dann holen Sie sich externe Hilfe. Das kann im ersten Schritt eine gute Freundin sein, im nächsten vielleicht ein Coach oder eine Therapeutin.

Ich kann das nur empfehlen. Und wenn Sie denken, dass ich als Coach mich ja wohl auch selbst coachen könnte, kann ich nur sagen: Pustekuchen! Ich bin mit mir selbst genauso subjektiv wie Sie mit sich – aus der Nummer komme auch ich nicht raus. Also: Ehe Sie feststecken und alles in die Ecke schmeißen, überlegen Sie sich, wer Ihnen zur Seite stehen könnte. Vergessen Sie nicht: Es ist erlaubt, sich Hilfe zu holen!

Das Bewerten Ihrer Erlebnisse dient auch dazu, dass Sie sich einen Übungsplan machen können und wissen, womit Sie loslegen können – und zwar mit den leichten Situationen. Das ist wie im Sport. Da beginnt man auch mit einer kurzen Strecke und nimmt sich nicht gleich einen Marathon vor. Es gibt Menschen, die machen das – aber es bekommt ihnen meistens nicht gut, und ich würde Sie schon gern noch etwas länger begleiten auf Ihrem Weg raus aus der Nettigkeitsfalle. Heißt übersetzt: Ehe Sie sich mit dem Nachbarn auseinandersetzen, der Sie regelmäßig durch seine Grenzüberschreitungen in Rage bringt, üben Sie erst mal an der Wursttheke.

URSACHENFORSCHUNG

Nachdem Sie nun mit Ihrer Detektivarbeit über sich selbst gestartet sind, geht die Forschungsreise weiter. Schließlich wollen wir herausfinden, warum es Ihnen manchmal so schwerfällt, Ihren Bedürfnissen zu folgen, und woher es kommt, dass Sie es immerzu allen recht machen möchten. Also, zücken Sie Ihre Lupe und legen Sie los! Es gibt kein spannenderes Forschungsobjekt als Sie selbst – und ich bin mir sicher: Da gibt es ganz viel zu entdecken.

Wie ticken Sie und warum ticken Sie so?

Wenn Sie das Buch bisher Kapitel für Kapitel gelesen haben, haben Sie schon einiges erfahren: Wie Sie mit diesem Buch arbeiten, wie Veränderung möglich ist, warum nett nicht gleich nett ist, an welchen Stellen Sie sich schon echt okay finden und woran Sie etwas ändern wollen. Sie haben angefangen, Ihre Gefühlswelt zu erforschen und vielleicht schon die eine oder andere Erkenntnis über sich selbst gehabt.

Jetzt geht's langsam ans Eingemachte: Denn wir nähern uns nun Ihrem Innenleben – und zwar nicht nur, indem Sie Ihre Gefühle benennen, sondern wir schauen ab jetzt ganz genau hinter die Kulissen Ihres Verhaltens: Sie werden Ihr „inneres Team" kennenlernen, sich mit sehr fest installierten Glaubenssätzen auseinandersetzen und überlegen, was Sie antreibt und dazu bringt, so zu handeln, wie Sie handeln.

Machen Sie das bitte Schritt für Schritt und gehen Sie auch mal dahin, wo es weh tut und Sie merken: Da ist ein innerer Widerstand. Dann sind Sie an einem ganz wichtigen Punkt angelangt, den Sie genauer betrachten sollten. Sie wissen ja: Unser Gehirn steht nicht besonders auf Veränderungen. Deswegen wirft es uns gerne Hindernisse in den Weg. Lassen Sie sich davon nicht aufhalten, überfordern Sie sich aber auch nicht.

Lassen Sie sich nicht aufhalten, überfordern Sie sich aber auch nicht.

Ich sehe das oft in meinen Seminaren: Die Teilnehmer wanken nach sechs bis sieben Stunden aus dem Workshop, als hätten sie einen Marathon hinter sich: glücklich, dass sie sich so intensiv mit sich selbst beschäftigt haben, gestärkt, weil sie viel Tolles über sich herausgefunden haben, und fix und foxi, weil diese intensive Beschäftigung mit sich einfach sehr anstrengend ist. Viele erzählen, dass sie in der Nacht entweder so fest geschlafen haben wie lange nicht mehr – oder dass sie die halbe Nacht wach waren, weil vieles nachgewirkt hat.

Das bedeutet für Sie: Diese Beschäftigung mit sich selbst ist nichts für mal eben zwischendurch und auch nichts für stressige Zeiten. Nicht vergessen: Sie haben sich für diese Arbeit mit und an sich selbst ja ein schönes muckeliges Plätzchen ausgesucht, an dem Sie ungestört sein können – nutzen Sie das für sich.

Wer bin ich eigentlich – und wie viele?

Faust hatte es bei aller inneren Zerrissenheit doch irgendwie gut – in ihm wohnten „nur" zwei Seelen. Otto von Bismarck hatte es da schon schwerer: „Faust klagt über die zwei Seelen in seiner Brust; ich beherberge aber eine ganze Menge, die sich zanken. Es geht da zu wie in einer Republik." Was sich auf den ersten Blick ein bisschen verrückt anhört und den einen oder anderen vielleicht an den Film „A Beautiful Mind" erinnert, ist ein völlig normales Phänomen: Es handelt sich hier um unsere innere Pluralität, unser inneres Team, das aus mehr als einem Teil besteht.

Ich erläutere Ihnen das an einem Beispiel: Ich bin insgesamt mit meinem Körper zufrieden, denke aber manchmal, dass ein paar Kilo weniger auch nicht schlecht wären. Dann sitze ich draußen im Garten, das Wetter ist herrlich, die Sonne scheint – und in mir ruft es: „Hey, ideales Wetter, um ein Eis zu essen! Da war doch noch eine Portion ‚Cookies & Cream' im Tiefkühler. Los, her damit!" Ich erhebe mich, gehe los, da ruft es wieder in mir: „Aber du hast doch gerade erst gefrühstückt! Obst und Jogurt, so schön gesund! Willst du dir etwa die Kalorienbilanz noch vor dem Mittagessen versauen?" Ich zögere. Da plärrt es: „Ach komm, pfeif drauf! Genieß das Leben, solange du es hast – und mit Eis ist das Leben doch viel schöner!"

Das geht dann noch ein bisschen länger hin und her, bis ich alle inneren Stimmen zur Ordnung rufe, weil sie mir auf den Keks gehen. Das Ende vom Lied ist meistens: Ich sitze zufrieden mit einem Eis auf der Bank und sage mir, dass ich das alles wieder ablaufe, wenn ich nachher mit dem Hund gehe. Ich habe mein inneres Team also zur Ruhe gebracht, indem ich verschiedene Aspekte abgewogen habe und mit der Lösung zufrieden bin.

Sie können Ihr inneres Team zur Ruhe bringen, indem Sie verschiedene Aspekte abwägen.

Diese innere Diskussion führen auch Sie vermutlich sehr oft – mal mehr, mal weniger intensiv. Ich übertrage dieses System mal auf eine Situation, die zum Thema dieses Buches passt: Sie erinnern sich an meine Freundin, Anne heißt sie, deren Nachbarin die Katze füttert, aber auch immer in den Schränken wühlt? Ich habe sie gebeten, mir ihren inneren Dialog zu schildern und auch die Stimmen passend zu benennen. Das ist (sehr verkürzt) dabei herausgekommen:

- **Die Besorgte:** „Wenn du ihr verbietest, in den ersten Stock zu gehen, füttert sie die Katze bestimmt nicht mehr! Was machen wir denn dann, wenn wir in den Urlaub fahren?"
- **Die Rationale:** „Dann gibt es andere Möglichkeiten. Frau Huber ist doch nicht die Einzige, die die Katze füttern kann. Außerdem gibt es auch noch die Möglichkeit, sie in eine Katzenpension zu bringen."
- **Die Besorgte:** „Waaas? Nein! Auf keinen Fall kommt sie woanders hin. Sie fühlt sich nur zu Hause wohl. Das tu ich ihr nicht an!"
- **Die Wütende:** „Jetzt spinn dich doch aus! Die Alte wühlt unsere Schränke durch und hat null Respekt vor unserer Privatsphäre! Das können wir ihr doch nicht einfach durchgehen lassen!"
- **Die Verständnisvolle:** „Ach, wisst ihr, die Frau Huber hat doch niemanden mehr. Vielleicht will sie einfach nur ein bisschen Familienanschluss. Und wir haben doch nichts zu verbergen. Was ist denn so schlimm daran, wenn sie sich ein bisschen umsieht?"
- **Die Wütende:** „Hast du sie noch alle?,Ein bisschen umsieht'? Das sind unsere Sachen! Und wir haben sie mehrfach gebeten, das zu unterlassen. Das ist einfach unverschämt!"
- **Die Neugierige:** „Ich geb's ja nicht gern zu, aber ich hab das auch schon bei anderen gemacht. Ist doch auch spannend, was andere so in ihrem Kleiderschrank haben."
- **Die innere Kritikerin:** „Also ehrlich, man schimpft keine alten Damen und verbietet ihnen auch nichts."
- **Die Beschützerin:** „Ich muss dafür sorgen, dass diese Frau uns nichts antut. Wer weiß, was die bei uns alles anstellt und wie sie uns schaden könnte!"

An dieser Stelle stoppe ich. Ich denke, Sie haben begriffen, worum es geht. Ehe wir uns ansehen, wie diese Unterhaltung ausgehen könnte, möchte ich Sie bitten, die folgende Übung zu absolvieren.

Übung 1 zum inneren Team

Greifen Sie sich drei Ihrer eigenen Situationen heraus, die Sie notiert haben, und analysieren Sie sie entsprechend dem obigen Beispiel. Nehmen Sie jeweils eine aus den drei Kategorien „Gewollt nett, gelungen nicht nett, ungewollt nett".

Ziel der Übung ist, dass Sie Ihr inneres Team kennenlernen. Wer ist da in Ihnen unterwegs? Und was wollen die eigentlich alle von Ihnen? Jedes Teammitglied hat eine ganz eigene Botschaft, ein eigenes Ziel. Versetzen Sie sich in die jeweilige Situation und horchen Sie gut in sich hinein. Wen und was hören Sie da in sich drin? Geben Sie den einzelnen Stimmen möglichst passende Namen. Das kann so etwas sein wie „Die Wütende", „Die Aufpasserin", „Die Kluge". Wenn Sie mögen, können Sie ihnen auch Symbole verpassen. Überlegen Sie bei jeder Stimme, was ihr Ziel und ihre Aufgabe in Ihnen sein könnte.

Wichtig ist, dass Sie nach und nach Ihre gesamte Mannschaft gut kennen und wissen, wer in Ihnen wie tickt. Denn je besser Sie Ihre einzelnen Stimmen kennen, desto besser können Sie sie für sich nutzen, eben wie im realen Leben: Da lasse ich jemanden, der nicht gut schreiben kann, auch nicht meine Pressemeldungen verfassen, sondern nutze meine Teammitglieder ihren Talenten entsprechend.

Manche Stimmen sind sehr laut. Die werden Sie recht schnell identifizieren. Es gibt aber auch die leisen, die sich erst mal nicht trauen und erst zum Vorschein kommen, wenn Sie Ihnen Raum geben. Und natürlich gibt es auch die, die wir gar nicht gerne mögen, die aber nun mal auch in uns sind. Bitte bedenken Sie: Alle diese Anteile sind wichtig, alle sind willkommen, alle gehören dazu. Schließen Sie keine Stimme aus. Hören Sie also gut hin und schreiben Sie alles auf, was Sie hören.

Sie können die Situation auch grafisch darstellen, wenn Ihnen das liegt – beispielsweise mit einer Mindmap oder als Comic. Die Form ist völlig egal – wichtig ist der Inhalt. Je besser Sie Ihr inneres Team kennen, je genauer Sie wissen, was die einzelnen Persönlichkeitsanteile sagen, desto besser können Sie an sich arbeiten.

Damit Sie nicht denken, ich mache hier irgendwelches aus der Luft gegriffene Zeug mit Ihnen, will ich kurz erläutern, woher ich mein Wissen über das innere Team habe. Ich verdanke es meiner Coaching-Ausbildung und den Büchern des von mir sehr verehrten Friedemann Schulz von Thun, der es in all seinen Texten schafft, komplizierte Sachverhalte so zu schildern, dass jeder sie nachvollziehen kann. Seine Reihe „Miteinander reden" gehört aus meiner Sicht in jeden Bücherschrank und auf jede Leseliste. Ich lege sie Ihnen also hiermit ganz ausdrücklich ans Herz!

Sehr hilfreich ist auch das Buch „Reisen in die Innenwelt" von Tom und Laurie Holmes. Es ist voller wunderbarer Zeichnungen, die auch sehr gut erklären, wie die verschiedenen Persönlichkeitsanteile entstehen. Wenn Sie also mehr über dieses Thema wissen wollen: Mit diesen Büchern sind Sie gut versorgt.

DISNEYKINO STATT FACHLITERATUR

Wenn Ihnen die Sache mit dem inneren Team sehr fremd ist und Sie es sich so gar nicht vorstellen können, dann schauen Sie sich den Film „Alles steht Kopf" an, einen ganz wunderbaren Animationsfilm, der die Idee des inneren Teams in Form von Gefühlen darstellt. Er zeigt, was passiert, wenn die Freude als regulierendes Element auf einmal nicht mehr da ist, aber auch, warum die auf den ersten Blick negativen Anteile eben auch wichtig sind. Der Film ist mit Sicherheit kein Lehrfilm für angehende Neurologen, bietet aber einen prima Einstieg in das Thema.

Wie Sie Ihr inneres Team nutzbringend einsetzen

Nun haben Sie Ihr inneres Team schon mal ein bisschen kennengelernt. Versuchen Sie ab jetzt in allen für Sie schwierigen Situationen herauszuhören, was gerade in Ihnen los ist. Wenn Ihnen das in der Situation selbst nicht gelingt (was völlig normal ist, schließlich stehen Sie unter Stress), analysieren Sie sie danach. Sie werden sehen: Es wird Ihnen immer leichter fallen, die Stimmen wahrzunehmen und zu unterscheiden.

Versuchen Sie ab jetzt in allen für Sie schwierigen Situationen herauszuhören, was gerade in Ihnen los ist.

Aber was soll das Ganze nun? Ganz wichtig ist: Alle Ihre inneren Stimmen haben eine Berechtigung und wollen nur Ihr Bestes. „Aber was ist denn mein Bestes?", fragen Sie sich jetzt vielleicht, „und wer in dem Haufen hat schlussendlich Recht?" Um mit Ihren inneren Persönlichkeitsanteilen nutzbringend arbeiten zu können, fehlt noch jemand in der Konstellation: der Chef! Sie kennen das vielleicht aus Ihrem Arbeitsalltag, aus Ihrem Verein oder anderen Situationen: Ohne Führung geht vieles schief. Damit eine klare Richtung vorhanden ist, muss es einen geben, der bestimmt, wo es langgeht. Und so einen gibt es auch in Ihrem inneren Team.

Die Bezeichnungen für diesen Chef sind vielfältig: das beobachtende Ich, das Selbst, die Mitte, das Oberhaupt. Egal, wie Sie diesen Chef bezeichnen: Es muss klar sein, dass er die oberste Instanz in Ihnen ist. Nun hat dieser Chef das Problem, dass er nicht ständig überall sein kann, sprich: Seine Mitarbeiter (= Ihre inneren Stimmen) machen manchmal einfach, was sie wollen, und er bekommt gar nicht alles mit.

Ihre Aufgabe ist es, den Chef immer mal wieder dazu zu ermuntern, sein Team zusammenzurufen, alle anzuhören und dann eine Lösung zu finden, mit der alle klarkommen. Das heißt nicht, dass immer alle

Ihre inneren Anteile mit dieser Lösung zufrieden sein müssen, aber Sie müssen sie schon möglichst alle mittragen – sonst geht's gleich wieder von vorne los, wenn der Chef mal nicht da ist ...

Übung 2 zum inneren Team

Sie haben im ersten Schritt schon angefangen, Ihre inneren Anteile kennenzulernen und ihnen zuzuhören und Sie haben ihnen erste Botschaften und Ziele zugeordnet. Bitten Sie nun Ihren inneren Chef, das Oberhaupt all Ihrer Anteile, eine Teamsitzung einzuberufen.

Dafür nehmen Sie bitte wieder drei Situationen (Sie wissen schon: gewollt nett, gelungen nicht nett, ungewollt nett) und besprechen mit den Teammitgliedern, wie Sie in Zukunft mit einer solchen Situation umgehen sollen. Sie gehen also raus aus der Vergangenheit und rein in die Zukunft, in die Lösung. Wichtig ist: Lassen Sie ALLE zu Wort kommen, nicht nur die lauten Stimmen. Hören Sie alle nacheinander in Ruhe an. Lassen Sie die Stimmen nicht durcheinanderquatschen – das haben Sie im Alltag schon oft genug, und das bewirkt genau den Gedankensalat in Ihrem Kopf, den wir auseinandersortieren wollen.

Wichtig ist hier, dass Sie zu Beginn eine möglichst klare Frage an Ihr Team formulieren, also z. B.: „Wie reagiere ich das nächste Mal, wenn ich merke, dass die Nachbarin wieder unerlaubt im ersten Stock war? Was sind eure Ideen, eure Sorgen, eure Vorschläge?" Falls Ihre Stimmen dazu neigen, gleichzeitig zu sprechen, kann der Chef sie jederzeit ermahnen. Es ist wirklich wichtig, dass Sie alles mitbekommen und dass jede Stimme ausreichend Zeit hat, ihre Meinung zu äußern – egal, wie absurd diese Meinung vielleicht auf den ersten Blick erscheint.

Und dann gehen Sie gemeinsam auf Lösungssuche: Fragen Sie Ihre Teammitglieder, was ihnen helfen würde, in dieser Situation anders zu reagieren. Überlegen Sie, welche Teammitglieder sich vielleicht gegenseitig unterstützen könnten. Gibt es vielleicht einen Kompromiss, bei dem alle mitgehen können?

Wie immer gilt: Notieren Sie die wichtigsten Erkenntnisse in Ihrem Notizbuch. Ich zeichne mir solche Situationen meistens als Mindmap auf, um eine gute Struktur vor Augen zu haben. Sollte Ihnen dafür das Notizbuch zu klein sein, schnappen Sie sich ein großes Blatt Papier – das können Sie immer noch falten und in Ihr Notizbuch hineinlegen.

Ich weiß, das hört sich im ersten Moment völlig bekloppt an! Und vermutlich werden Sie am Anfang Mühe haben, Ordnung in Ihr inneres Chaos, Ihre innere Zerrissenheit zu bringen. Gleichwohl gilt auch hier: Übung macht den Meister. Und Sie bekommen im Lauf des Buches noch ein bisschen mehr Handwerkszeug, um in Konfliktsituationen den für Sie passenden Weg gehen zu können.

Wenn diese Übung so gar nichts für Sie ist, dann ist das so. Ich werde Sie nicht aus dem Buch heraus anspringen und dazu nötigen, sich mit Ihrer inneren Bande auseinanderzusetzen. Ich möchte Sie dennoch ermuntern, es mal auszuprobieren. Einfach, weil ich selbst schon so gute Erfahrungen mit dieser Methode gemacht habe.

Damit Sie eine Vorstellung davon bekommen, wie so eine Analyse aussehen kann, sehen Sie sich die Standpunkte der Teammitglieder meiner Freundin Anne auf S. 81 noch einmal an. Uff – ganz schön vertrackte Situation, oder? Aber nachdem Anne allen Stimmen ausführlich zugehört und sie gewürdigt hat, ergab sich folgender Plan:

1. Der Nachbarin sagen, dass ihre Hilfe wirklich sehr geschätzt wird.
2. Der Nachbarin ein letztes Mal mitteilen, dass sie sich nur im Erdgeschoss aufhalten darf und das auch gut begründen (wie das geht, erfahren Sie in einem späteren Kapitel, wenn es um Kommunikation geht). Der Nachbarin zudem deutlich sagen, dass es bemerkt wird, wenn sie im ersten Stock war (da gibt es ja viele hübsche Tricks).
3. Wenn sie diese letzte Chance vergeigt: Schlüssel abnehmen und Plan B verfolgen.
4. In der Nachbarschaft umhören, wer sich sonst um die Katze kümmern könnte. Falls es niemanden gibt, nach passenden Unterkünften auf Zeit suchen.

Ich weiß, das hört sich beim ersten Lesen fast zu einfach an. Gleichwohl berücksichtigt es vieles, auf das die verschiedenen Stimmen hingewiesen haben. Die Nachbarin wird für ihre Hilfe wertgeschätzt, sie bekommt noch eine Chance, gleichzeitig wird nach anderen Lösungen gesucht und damit der Blick geweitet.

> Häufig sind unsere Ängste irrational und versperren uns einen Lösungsweg.

Meistens sind es unsere Ängste, die häufig eher irrational sind und uns einen Lösungsweg versperren. In diesem Fall war es die Angst, dass die Katze verhungert, die alle anderen Sorgen überlagert und dadurch auch den Blick auf Alternativen verstellt hat. Nun: Wie wahrscheinlich wäre das wohl? Genau: Natürlich wäre Anne nicht weggefahren, ohne für eine regelmäßige Fütterung zu sorgen! Die Lösung, die Katze in eine Katzenpension zu geben, ist vielleicht nicht die schönste – aber irgendwann, nachdem die Nachbarin sich partout nicht an die Regeln halten wollte, war der Leidensdruck meiner Freundin so hoch, dass sie sich damit arrangieren konnte.

Und was soll ich sagen? Die Katze fand es zwar nicht megatoll in der Pension, aber sie war auch nicht monatelang beleidigt. Und für Anne war die Sicherheit, dass in ihrer Abwesenheit niemand in ihrem Haus rumschnüffelt, so viel wert, dass sie viel entspannter aus dem Urlaub zurückgekommen ist.

Auch das ist eine Erkenntnis: Es geht nicht darum, dass sich die Lösung, die Sie gemeinsam finden, immer toll anfühlt. Es geht erst einmal darum, dass Sie einen Weg finden, den Sie ausprobieren wollen – und wenn Sie ihn getestet und für gut befunden haben, dann gehen Sie ihn ab jetzt öfter. Wenn nicht, müssen Sie noch mal eine Teamsitzung einberufen.

„Aber hätte sie da nicht auch anders drauf kommen können?“, fragen Sie jetzt vielleicht. Musste sie dafür wirklich allen Stimmen zuhören?“ Ja, musste sie – sonst wäre sie ja viel früher auf diese Lösung gekommen. Aber da war eben etwas oder besser gesagt, eine Stimme in ihr, die so laut rumgebrüllt hat, dass ihr das nicht gelungen ist – die Besorgte hatte das Heft in der Hand und war so dominant, dass die anderen schnell klein beigegeben haben. Bei der Teamsitzung hatten alle die Chance, sich zu äußern – und so konnte Anne auch die Stimmen wahrnehmen, die für eine andere Lösung plädiert haben und für ihr ganz großes Bedürfnis nach Privatsphäre eingetreten sind.

Was wir glauben und warum

Nein, keine Sorge – ich werde Ihnen jetzt keine Predigt halten und Sie auch nicht nach Ihren religiösen Ansichten fragen. Wir knüpfen einfach nahtlos an den vorherigen Abschnitt an und schauen uns noch einmal genauer an, welche Botschaften die einzelnen Stimmen transportieren.

Bleiben wir noch bei meiner Freundin Anne und ihrem inneren Team: Da haben wir zum Beispiel die Anstandsdame, die darauf hinweist, was sich gehört und was nicht. Dazu noch die innere Kritikerin, die genau weiß, wie die Welt funktioniert. Zwei Stimmen mit kräftig erhobenem Zeigefinger, die für etwas stehen, was fast alle Menschen mit sich herumtragen: innere Glaubenssätze, die es sowohl in der positiven als auch in der negativen Variante in uns gibt.

Positive Glaubenssätze tragen uns beispielsweise durch schwierige Phasen. Ich hatte das Glück, dass mir meine Eltern – egal wie viel Mist ich gebaut habe – immer vermittelt haben, dass sie mich lieben. Diese Liebe war an keinerlei Bedingungen geknüpft und hat dafür gesorgt, dass mir immer klar war: Ich bin genau so richtig, wie ich bin. Ein Glaubenssatz, den ich in mir hüte wie einen Schatz und für den ich auch heute noch sehr dankbar bin. Es gibt aber eben auch die negativen Sätze, die beispielsweise aus Äußerungen wie „Wenn du nicht brav bist, haben wir dich nicht mehr lieb“ entstehen können. Wenn ich so etwas höre, könnte ich immer

Positive Glaubenssätze tragen uns durch schwierige Phasen.

ausrasten – die Leute wissen gar nicht, dass solche Sätze nicht gerade förderlich für die gesunde Entwicklung ihres Kindes sind.

Die meisten Glaubenssätze entstehen im Lauf unserer Kindheit und Jugend, und normalerweise merken wir gar nicht, dass sie ständig an Bord sind, denn sie halten sich schön im Hintergrund. Wie ein Betriebssystem im Computer, bei dem wir die Fehler in der Programmierung auch erst bemerken, wenn es nicht mehr rundläuft. Diesem Betriebssystem verpassen wir jetzt mal ein Update, denn ein Teil dieser im Hintergrund gespeicherten Glaubenssätze sind totaler Humbug.

Dafür gehen wir zunächst auf die Suche nach Ihren inneren Glaubenssätzen, die nicht hilfreich sind, und ersetzen sie durch die sogenannten Erlauber, die viele Glaubenssätze sehr gekonnt aushebeln, aber erst mal verankert werden müssen. Sie wissen schon – unser Gehirn mag Neues nicht allzu gern.

Mir ist es nicht wichtig, dass Sie herausfinden, wo diese tief verankerten Vorstellungen herkommen. Zum einen glaube ich nicht, dass das ständige Gewühle in der Vergangenheit wirklich hilft (denn ganz ehrlich: ob da nun Ihre Mutter, Ihre Kindergärtnerin oder der Nachbar dahintersteckt, ist doch schnurzpiepegal), zum anderen möchte ich, dass Sie lösungsorientiert arbeiten. Die Probleme kommen von ganz allein. Die Lösungen sind das, in das wir unser Hirnschmalz investieren sollten.

Es ist nicht wichtig, dass Sie herausfinden, wo Ihre tief verankerten Vorstellungen herkommen – Lösungen sind wichtig.

Nach dem amerikanischen Psychiater Eric Berne, dem Begründer der sogenannten Transaktionsanalyse, gibt es fünf Glaubenssätze oder innere Antreiber:

- Sei perfekt.
- Mach es allen recht.
- Streng dich an.
- Beeil dich.
- Sei stark.

Na, kommt Ihnen davon etwas bekannt vor? Wir werden gleich einen davon genauer betrachten – und zwar den Glaubenssatz, der aus meiner Sicht beim Thema Nettigkeitsfalle der wichtigste ist: „Mach es allen recht."

Mach es allen recht!

Dieser Glaubenssatz ist einer der fiesesten inneren Antreiber, die es gibt. Wer jetzt denkt: „Ach, ist doch nicht so schlimm! Wir leben in einer Welt, in der doch eh viel zu wenig Liebe ist. Was ist denn daran schlimm, wenn ich versuche, es allen recht zu machen?", dem kann ich nur entgegnen: „Everybody's darling is everybody's Depp!" Dieser Spruch stammt zwar von einem Politiker, den ich nicht sehr schätze, aber er hatte eben einfach recht damit: Wer es allen anderen recht macht, ist irgendwann der Depp vom Dienst. Und: Er wird nur vermeintlich von allen für seine Hilfsbereitschaft geschätzt.

Wer das jetzt hart findet, sollte sich fragen: Wofür wird denn jemand gemocht, der es allen recht macht? Für seine Persönlichkeit wohl eher nicht, sondern für den Umstand, dass man bei ihm alles parken und abladen kann, was man selbst nicht schafft. Aber wehe, derjenige sagt mal: „Nein, ich schaff das nicht, das kann ich nicht auch noch übernehmen" – da ist es mit der Wertschätzung ganz schnell vorbei. Everybody's Depp eben. Und das wollen Sie doch nicht sein!

Wofür wird jemand gemocht, der es allen recht macht? Für seine Persönlichkeit wohl eher nicht, sondern dafür, dass man bei ihm alles abladen kann.

Lassen Sie uns mal einen Blick hinter die Kulissen dieses Antreibers werfen, denn er ist ziemlich gut darin, in vielen verschiedenen Verkleidungen in uns aufzutauchen, zum Beispiel: „Ich bin nur dann wertvoll, wenn alle mit mir zufrieden sind", „Wenn ich ‚Nein' sage, werde ich abgelehnt", „Sei liebenswürdig!", „Oh nein, bitte nicht streiten!", „Sei freundlich zu allen!"

Menschen, in denen dieser Antreiber sehr präsent ist, fällt es unendlich schwer, Nein zu sagen oder ihre eigenen Interessen durchzusetzen. Sie sagen Ja, obwohl sich dieses Ja-Sagen nicht gut anfühlt – aus Angst, abgelehnt und nicht mehr geliebt zu werden. Typische Sätze sind auch „Ach, was ich will, ist nicht so wichtig. Sag doch, was möchtest du denn?“ Diese innere Überzeugung führt dazu, dass diese Menschen sich verbiegen – manche sogar so sehr, dass sie daran zerbrechen.

Nun ist es so, dass sich diese Glaubenssätze – vor allem, wenn sie sehr tief verankert sind – nicht einfach auflösen lassen. Es reicht leider nicht, jeden Tag „Ich bin gut so, wie ich bin, ich werde geliebt, auch wenn ich mal Nein sage“ vor sich hinzumurmeln, und dann wird das schon – schön wär's! Das ist, als ob Sie einfach den Glaubenssatz mit Tintenkiller löschen und einen neuen drüberschreiben könnten. Das Blöde ist: Meistens sieht man doch, was vorher da gestanden hat. Aber was können Sie denn nun tun, um diesen idiotischen Antreiber loszuwerden?

Tja, Sie können es sich vielleicht schon denken: Erst mal braucht es die Erkenntnis, dass dieser Glaubenssatz überhaupt in Ihnen vorhanden ist. Dann können Sie anfangen zu überlegen, was Sie ihm entgegenstellen können, und anschließend müssen Sie das Ganze an konkreten Situationen üben, damit Ihr Gehirn merkt: Auch wenn es sich im ersten Moment echt unangenehm und bescheuert anfühlt, es sich selbst und nicht den anderen recht zu machen, lohnt es sich langfristig, diesen Weg zu nehmen.

> Es ist schlicht und ergreifend nicht möglich, dass alle Sie mögen.

Nehmen wir uns also noch mal den Antreiber „Mach es allen recht!“ genauer vor. Wie stellen Sie fest, dass er in Ihnen vorhanden ist? Genau: Indem Sie die verschiedenen Situationen, die Sie bisher notiert haben, nach ihm und seinen diversen Varianten abscannen. Dann rufen Sie sich den Abschnitt „Warum kann nicht jeder jeden mögen?“ in Erinnerung und die darin beschriebene Erkenntnis: Es ist schlicht und ergreifend nicht möglich, dass alle Sie mögen. Sie werden es niemals allen recht machen können, denn – Überraschung! – nicht alle Menschen um Sie herum wollen überhaupt das Gleiche!

Ich erläutere Ihnen das an einem Beispiel aus meinem eigenen Berufsalltag: Ich gebe regelmäßig Workshops. Die Teilnehmer sind nicht nur unterschiedlich, was ihre Ausbildung und ihr Alter angeht, auch innerhalb einer vermeintlich homogenen Gruppe, beispielsweise unter Studierenden, gibt es große Unterschiede. Nicht immer, aber immer mal wieder, habe ich einen Teilnehmer dabei, der keinen Bock hat und alles in Frage stellt, was ich mache – das ist vor allem in Gruppen der Fall, die nicht freiwillig an meinen Seminaren teilnehmen.

Früher habe ich mich an genau diesen Menschen fürchterlich abgearbeitet. Ich wollte unbedingt, dass auch dieser Teilnehmer mich mag, mich versteht und nachvollziehen kann, was ich da vorne mache. Gleichzeitig wollte ich aber auch alle anderen gut versorgen – und habe mich total zerrissen. Mit dem Ergebnis: Ich war am Abend fix und fertig. Denn so etwas kostet unheimlich Kraft. Und trotz aller Bemühungen hat dieser eine Teilnehmer meinen Workshop schlecht bewertet. Also alles für die Katz!

Was hatte ich also letztlich von meinen Bemühungen, es allen recht zu machen? Genau: gar nichts. Letztlich habe ich auf diese Weise sogar die Teilnehmer, die engagiert mitmachten, vernachlässigt und all meine Energie darauf verwendet, es nur dem einen Teilnehmer recht zu machen. Absurd, oder?

Nachdem sich diese Erkenntnis in mir gesetzt hatte, habe ich mich auf die Suche nach Erlaubern gemacht und versucht, diesen beknackten Glaubenssatz auszuhebeln. Herausgekommen ist in etwa das: „Ich bin von dem, was ich da vorne tue, überzeugt. Es hat Hand und Fuß. Menschen sind jedoch unterschiedlich, und es ist nicht möglich, es allen recht zu machen. Konzentriere dich auf diejenigen in deinem

Workshop, die Bock darauf haben, und sieh zu, dass die anderen dir die Gruppe nicht zerschießen."

Menschen sind unterschiedlich, und es ist nicht möglich, es allen recht zu machen.

Mit diesen Gedanken im Kopf bin ich also in die folgenden Seminare marschiert – und natürlich wieder auf jemanden getroffen, der mich doof fand und das auch laut und deutlich äußerte. Und da schoss mir durch den Kopf: „Der nimmt sich ja auch nicht zurück. Warum also sollte ich das tun?" Und mal ganz ehrlich: Ist das nicht ganz oft so? Wir gestatten es anderen Menschen, unsere Grenzen zu übertreten – und trauen uns selbst nicht, es ihnen gleichzutun, weil wir Angst haben, dass sie uns dann nicht mehr mögen. Auch das ist absurd!

Den Null-Bock-Teilnehmer habe ich zu einem Gespräch vor die Tür gebeten und ihn gefragt, warum er sich so unwohl in meinem Seminar fühlt. Erwartet hatte er wohl, dass ich ihn anpampe und zur Ordnung rufe, entsprechend überrascht hat auf meine Frage reagiert. Gänzlich perplex konnte ich ihn mit einer weiteren Frage machen: „Was brauchen Sie, um entspannt an meinem Seminar teilnehmen zu können?" Ich habe ihm auch erklärt, dass ich Respekt von ihm erwarte – genauso, wie er ihn von mir erwarten kann, wenn er ein aktiver, gerne kritischer Teilnehmer ist, der aber die ständigen Störungen unterlässt.

Letztlich wurde es ein gutes Seminar, und seine Rückmeldung war: „Ich würde Sie nie selbst buchen. Sie sind überhaupt nicht mein Typ. Aber irgendwie sind Sie schon cool."

Übung: Antreiber und Erlauber

Wir haben gerade einen Glaubenssatz bzw. Antreiber genauer betrachtet. Ich möchte Sie nun bitten, auf die Suche nach Ihren inneren Antreibern zu gehen. Sie haben bereits zahlreiche Situationen gesammelt und analysiert, was in den jeweiligen Momenten so in Ihnen los ist. Aus dem, was Ihr inneres Team äußert, können Sie jede Menge Antreiber rausziehen. Teilen Sie Ihr Blatt in zwei Spalten.

Links notieren Sie die ***Antreiber****, also z. B.*

- *„Wenn ich das nicht übernehme, denken alle, ich bin faul."*
- *„Wenn ich meine Meinung sage, mag mich mein Gegenüber nicht mehr."*
- *„Man darf einem älteren Menschen nicht widersprechen."*
- *„Ich bin nun mal die ohne Kinder. Da muss man eben länger arbeiten als die anderen."*

Und jetzt hinterfragen Sie mal Ihre Glaubenssätze, die Sie übrigens sehr gut an Worten wie „man", „immer", „nun mal" usw. erkennt. Fragen Sie sich: Hat Ihnen schon mal jemand gesagt, dass Sie faul sind? Wieso denken Sie das? Haben Sie schon mal jemanden gefragt, ob er findet, dass Sie faul sind? Wieso sollten ältere Menschen immer Recht haben?

Aus diesen Fragen heraus entwickeln Sie Ihre ***Erlauber,*** *die Sie in der rechten Spalte notieren – jeweils passend zum Antreiber, den Sie entkräften wollen. Wichtig hier ist: Formulieren Sie diese Erlauber möglichst positiv. Mit negativen Äußerungen kann unser Gehirn nicht so viel anfangen. Also bitte nicht: „Ich muss nicht immer Ja sagen", sondern lieber „Ich darf Nein sagen."*

Hier ein paar weitere Beispiele:

- *„Ich arbeite gut und ausreichend."*
- *„Ich werde geschätzt, gerade weil ich eine eigene Meinung habe."*
- *„Ich darf jedem widersprechen, dessen Meinung ich nicht bin. Unabhängig vom Alter."*
- *„Ich habe zwar keine Kinder. Das heißt jedoch nicht, dass ich kein Recht auf Freizeit habe. Ich darf dann Feierabend machen, wenn ich meine Arbeit erledigt habe. Ich muss keine zusätzlichen Arbeiten anderer übernehmen, wenn ich das nicht möchte."*

Was tun Sie nun mit diesen Erlaubern? Es geht mir nicht darum, dass Sie sie morgens, mittags, abends vor sich hinsagen. Aber: Ich möchte, dass Sie sich im richtigen Moment daran erinnern, nämlich dann, wenn Sie ins Handeln kommen. Wenn es darum geht, Nein oder Ihre Meinung zu sagen. Dann schicken Sie Ihre inneren Teufelchen wirklich zum Teufel und denken an das, was Sie dürfen: sich selbst ernst nehmen. Ihre Bedürfnisse äußern. Sagen, wenn Sie etwas stört.

Wenn Sie das Gefühl haben, dass es Ihnen helfen könnte, Ihre Sätze von Zeit zu Zeit zu sich selbst zu sagen, dann machen Sie das – nur weil das nichts für mich ist, heißt das nicht, dass es Ihnen nicht helfen kann. Ein Tipp dazu: Formulieren Sie sie um, und zwar in Du-Botschaften, also zum Beispiel: „Du darfst Nein sagen!“ Damit gehen Sie in die Außensicht – und die ist gerade in solchen Situationen oft hilfreicher.

Diese Übung und auch die Übungen zum inneren Team sind Aufgaben, die Sie immer weiter fortsetzen können. Horchen Sie immer wieder in sich hinein, hören Sie sich gut zu, nehmen Sie alles ernst, was da in Ihnen auftaucht, auch wenn es vielleicht manchmal absurd klingt – und gehen Sie immer wieder auf die Suche nach unbewusst abgespeicherten Glaubenssätzen. Lernen Sie sich und Ihre Denkweisen kennen und kommen Sie den Antreibern auf die Schliche, die Ihnen das Leben schwermachen und Sie immer wieder in die Nettigkeitsfalle tappen lassen. Das heißt nicht, dass Sie sich ständig selbst in Frage stellen sollen – hören Sie auch zwischendurch mal auf mit der Selbstreflexion. Ich bin davon überzeugt: Je besser Sie sich kennen, desto leichter wird es Ihnen fallen, Ihre Verhaltensmuster zu durchbrechen.

DER ANTREIBERTEST

Wenn Sie das Thema der inneren Antreiber generell interessiert, dann googeln Sie mal den „Antreibertest". Sie werden zahlreiche Treffer landen – der Test ist so gut wie immer der gleiche. Es ist also egal, welchen Sie machen.
Getestet wird, wie ausgeprägt die fünf klassischen Antreiber in Ihnen sind. Bei der Auswertung stehen meistens auch einige Erlauber mit dabei. Für mich war dieser Test sehr hilfreich, denn ich habe gemerkt, dass der Antreiber „Mach schnell!" bei mir sehr dominant ist. Seit ich das weiß, versuche ich, mir bewusst Zeit zu nehmen für das, was mir wichtig ist. Klappt nicht immer, aber immer öfter – und macht mein Leben sehr viel entspannter!

VOM AUSSEN ZUM INNEN

Viele, die in einer unguten Situation stecken, denken sich: „Wenn der Herr Huber anders wäre, wäre alles viel leichter!“ Sie wünschen sich Hilfe von außen und warten auf die gute Fee, die ihren Zauberstaub über Herrn Huber schwenkt, und – schwupps! – ist er auf einmal total freundlich und verständnisvoll. Tja, unwahrscheinlich, oder? Genau – und deswegen schauen wir uns jetzt mal an, warum es wichtig ist, sich selbst zu mögen, damit man mit Angriffen von außen besser umgehen kann.

Selbstliebe – ganz unesoterisch

Ich weiß – sich selbst mögen, Selbstliebe, Selbstachtung, das klingt alles immer erst mal schrecklich esoterisch. Nach Sätzen, die man sich selbst sagen soll, komischen Übungen und Egoismus, wenn nicht sogar Narzissmus und einem übersteigerten Ego. Nach Menschen, die man irgendwie nicht leiden kann, weil sie sich so toll finden. Ach so, ja – und natürlich wird die Selbstliebe allzu oft als das Allheilmittel für quasi alles propagiert, frei nach dem Motto: Wenn du dich erst mal selbst liebst, lieben dich auch alle anderen, und dein Leben wird total easy. Tja, schön wär's, wenn's so einfach wäre ...

Aber wie so vieles hat auch das einen wahren Kern, denn so platt es klingt: Wenn Sie sich selbst nicht mögen, nicht achten, sich nicht wertschätzen – wie soll denn dann das Selbstbewusstsein entstehen, das Sie brauchen, um sich nicht alles gefallen zu lassen? Um – zumindest zeitweise – unabhängig von der Bestätigung anderer zu werden? Denn genau das ist es ja, womit die anderen Sie immer wieder zu fassen kriegen – mit Ihrer Angst, dass Sie nicht mehr gemocht werden, wenn Sie mal Nein sagen, wenn Sie sich gegen verbale Übergriffe wehren, wenn Sie aus dem Nettigkeits-Hamsterrad aussteigen.

Ich arbeite sehr gerne mit den Begriffen Selbstachtung und Selbstwertgefühl. Für mich steckt da genau das drin, worum es geht: darum, dass Sie achtgeben auf sich selbst, achtsam mit sich umgehen und Ihren Wert kennen. Denn je wertvoller Sie sich selbst finden, desto mehr passen Sie auch auf sich auf. Das ist wie mit den guten Schuhen, die sauteuer waren – auf die passen Sie auch viel besser auf, als auf Ihre Billig-Flipflops, die Sie im Vorbeigehen im letzten Urlaub gekauft haben. Merken Sie sich also bitte: Sie sind Louboutins, keine 3-Euro-Plastikschuhe!

> Je wertvoller Sie sich selbst finden, desto mehr passen Sie auch auf sich auf.

Eine gesunde Portion Selbstachtung hat noch weitere Vorteile: Sie macht Sie unabhängiger von der Anerkennung anderer und damit freier in Ihren Handlungen. Das heißt natürlich nicht, dass Sie sich ab sofort nicht mehr über ein Lob von außen freuen dürfen – auch diese Anerkennung ist wichtig, aber eben nicht ausschließlich. Wer nur aus dem Anerkennungs-Topf schöpft, der von außen angereicht wird, der verhungert ganz schön schnell, wenn's mal nicht rundläuft.

Legen Sie sich also einen guten Vorrat an Selbstlob an, den Sie bei Bedarf anzapfen können. Menschen mit einer guten Selbstachtung stellen sich selbst auch nicht so schnell in Frage und können besser mit Kritik umgehen, weil sie sich nicht sofort ängstlich fragen, was sie denn nun schon wieder falsch gemacht haben. Die Angst grätscht ihnen einfach nicht so oft dazwischen – und dass diese blöde Pute uns das Leben oft schwer macht, wissen Sie ja mittlerweile.

Ein weiterer Begriff, den ich in diesem Zusammenhang ebenfalls gut und wichtig finde, ist die Selbstakzeptanz. Sie erinnern sich an die Übung mit den Glaubenssätzen? Einer, der mir auch immer wieder über den Weg läuft, ist: „Ich mag mich nur, wenn ich allen meinen Anforderungen und Erwartungen genüge.“ Ich habe von mir selbst immer behauptet, dass ich nicht perfektionistisch bin – bis mir eine Kollegin mal sagte: „Dein Anspruch an dich selbst ist aber auch ganz schön hoch!“ Ups – erwischt! Seitdem versuche ich, weniger streng mit mir selbst zu sein.

Und das ist auch Ihre Aufgabe! Akzeptieren Sie, dass Sie nicht alle Übungen hier sofort mit links hinbekommen und dass es Ihnen anfangs immer wieder passieren wird, dass Sie in Ihre üblichen Verhaltensmuster fallen. Aufstehen, Krönchen richten (ja, auch die Jungs!) und neu anfangen. Auch das ist Selbstachtung!

Akzeptieren Sie, dass Sie nicht alle Übungen hier sofort mit links hinbekommen.

Vielleicht fragen Sie sich jetzt, was das alles damit zu tun hat, dass Sie einen Weg aus der Nettigkeitsfalle finden sollen. Ich bin davon überzeugt, dass Selbstachtung und Selbstwertgefühl ganz wunderbare Elemente der Strickleiter sind, mit der Sie sich aus dieser Falle befreien können. Sie bilden die Basis, die Sie auch durch fiese Zeiten tragen wird. Es lohnt sich also, immer mal wieder daran zu arbeiten und die Basis möglichst stabil zu gestalten. Ich habe Ihnen dafür ein paar Übungen zusammengestellt, die – wie immer – nur eine kleine Auswahl dessen sind, was es alles gibt. Wenn Sie merken sollten, dass Sie hier mehr Bedarf haben: Es gibt zum einen viele tolle Bücher zu dem Thema, zum anderen gilt auch hier, dass Sie bitte auf professionelle Hilfe setzen, wenn’s sehr hakt!

Übungen zur Steigerung der Selbstachtung und zur Eindämmung übermäßiger Selbstkritik

- *Auch wenn es Ihnen vielleicht schon zu den Ohren rauskommt: Notieren Sie sich gute Momente, kleine und große Erfolge. Klopfen Sie sich immer mal wieder selbst auf die Schulter, wenn Sie etwas geschafft haben – vor allem, wenn es für Sie eine Herausforderung war. Ihr Gehirn vergisst so etwas – unterstützen Sie es, indem Sie Notizen machen und sich ganz bewusst freuen!*
- *Fragen Sie mal andere, wie sie Sie so finden. Gerade bei Menschen mit wenig Selbstachtung klaffen Selbst- und Fremdbild oft meilenweit auseinander. Fragen Sie Ihr Umfeld nach Ihren Stärken, nach Situationen, die Sie gut gemeistert haben, danach, was andere an Ihnen schätzen. Eine Übung, die ich auch in meinen Workshops regelmäßig durchführe – und mich immer wie ein Schneekönig freue, wenn ich danach lauter selig lächelnde Menschen vor mir sitzen habe!*
- *Die Psychotherapeutin Friederike Potreck-Rose sagt: „Es gibt nicht nur einen Selbstwert, sondern viele Selbstwerte." Es hilft, wenn Sie sich in Ihrer ganzen Vielfalt wahrnehmen und überlegen, was Sie in welcher Rolle auszeichnet. Wie sind Sie als Elternteil, Freundin, Partner, Chefin, Mitarbeiter? Ich bin sicher, Sie finden ganz viel Wertvolles in Ihren verschiedenen Lebensbereichen.*
- *Streichen Sie den Satz „Ist mir egal" aus Ihrem Wortschatz. Wenn Sie sich schon egal sind, wie sollen denn dann andere Ihren Wert sehen? Fangen Sie bei kleinen Dingen an: Es ist nicht egal, welche Pizza für Sie bestellt wird, und es ist auch nicht egal, welche Brötchen morgens auf den Tisch kommen. Nehmen Sie sich und Ihre Bedürfnisse ernst – dann werden es andere auch tun.*
- *Vergleiche sind fast immer ganz große Grütze. Hören Sie auf, sich mit anderen zu vergleichen. Das fängt bei der Yogastunde an („Die kommt mit ihrem Kopf aber viel näher an die Knie als ich") und hört beim Job auf („Der Meier kann viel besser vor anderen reden als ich"). Sie werden immer jemanden finden, der dies oder jenes besser kann. Na und! Es geht doch darum, was Sie jetzt gerade können – und solange Sie Ihr Bestes geben (und das tun Sie natürlich immer!), ist es völlig egal, ob das ein anderer besser kann. Auch hier gilt: Fangen Sie klein an. Bei mir war es tatsächlich die Yogastunde, in der ich mich irgendwann nur noch auf*

mich konzentriert habe – und das habe ich nach und nach auf meinen Alltag übertragen.

- *Oft setzen wir auch unsere eigene Latte viel zu hoch an. Während wir mit anderen eher nachsichtig sind, stecken wir uns selbst Ziele, die dem Mount Everest gleichkommen. Setzen Sie sich mal hin und überlegen Sie: Was sind Ihre Kriterien für Erfolg? Dass alles glatt läuft? Nichts schiefgeht? Sie immerzu und ständig kompetent, charmant, schlagfertig, gelassen sind? Vergessen Sie's! Und setzen Sie die Latte mal ein bisschen tiefer an – dann kommen Sie auch viel leichter drüber!*
- *Wenn Sie Ihr inneres Team gut kennen, wissen Sie auch: Da ist einer dabei, der immer alles kritisiert und in Frage stellt. Dieser innere Kritiker ist oft praktisch, weil er uns auf Schwachstellen hinweist. Lassen Sie ihn das tun – und schicken Sie ihn dann in die stille Ecke. Lassen Sie ihn nicht die ganze Zeit weitergranteln, denn das verstellt Ihnen den Blick aufs Wesentliche. Wenn es Ihnen hilft: Zeichnen Sie Ihren inneren Kritiker auf und stecken Sie sich die Zeichnung in die Tasche. Bei Bedarf holen Sie ihn heraus, lassen ihn seine Bedenken äußern – und dann kommt er wieder in die Tasche.*

Selbstmitgefühl und Selbstnachsicht

Ja, ich weiß – ganz schön viel „Selbst" in diesem Kapitel. Aber schließlich geht es in diesem Buch um Sie! Da darf das Selbst auch eine große Rolle spielen. Also, nach Selbstwertgefühl und Selbstachtung rufe ich jetzt das Selbstmitgefühl auf die Bühne, das bitte nicht mit dem Selbstmitleid verwechselt werden darf! Was ist der Unterschied zwischen den beiden? Nehmen wir die Worte mal auseinander:

- Mitleid: Wenn Sie mit jemand anderem mitleiden, verspüren Sie denselben Schmerz wie er. Sie nehmen seine Sicht ein und verbinden sich emotional mit ihm.
- Mitgefühl: Hier betrachten Sie die Situation von außen. Sie leiden nicht mit, haben aber Verständnis für den anderen, können seinen Schmerz nachvollziehen und unterstützen ihn bestmöglich.

Sie sehen daran schon: Beim Mitleid begeben Sie sich volle Granate in die Situation hinein, beim Mitgefühl bleiben Sie objektiver Beobachter.

- Selbstmitleid: In diesem Zustand gibt es keinen Ausweg. Sie suhlen sich in Ihrem Elend, fragen sich, warum es nun ausgerechnet Sie getroffen hat, und ziehen sich Stück für Stück immer weiter herunter. Sie sind das Opfer der Situation, alle anderen sind gemein.
- Selbstmitgefühl: Sie haben Verständnis dafür, dass es Ihnen gerade nicht gut geht, und sind nachsichtig mit sich. Sie gehen freundlich und liebevoll mit sich um und wissen, dass es auch wieder anders wird. Sie bitten andere um Rat und wollen nicht nur nörgeln.

Hier wird klar: Wer sich nur im Selbstmitleid wälzt, kann nicht lösungsorientiert arbeiten. Zudem raubt uns das Selbstmitleid jede Kraft. Es wirkt wie ein Verbrennungsmotor: Energie rein, zack, weg. Wer mit sich selbst fühlt, kann in die Außensicht gehen und sich überlegen: Was kann ich denn nun tun? Wie komme ich aus dem ganzen Mist wieder raus? Es wirkt wie eine Lichtmaschine: Es wird Energie zugeführt, und es kommt auch wieder welche raus! Die Psychologieprofessorin Kristin Neff forscht seit vielen Jahren zu diesem Thema und ist überzeugt: Wer sein Selbstmitgefühl hegt und pflegt, hat weniger Angst, ist zufriedener, bleibt auch in stressigen Situationen gelassener.

Wer sich nur im Selbstmitleid wälzt, kann nicht lösungsorientiert arbeiten.

DAS SELBSTMITGEFÜHL TESTEN

Auf der Website von Kristin Neff, www.selfcompassion.org, gibt es – neben zahlreichen tollen Artikeln – einen hübschen kleinen Test, mit dem Sie herausfinden können, wie es um Ihr Selbstmitgefühl bestellt ist („Test your level of self-compassion“). Er ist allerdings auf Englisch. Sie finden ihn auf Deutsch in Neffs empfehlenswertem Buch „Selbstmitgefühl: Wie wir uns mit unseren Schwächen versöhnen und uns selbst der beste Freund werden“.

Warum ist dieses Thema so wichtig? Weil Sie einen ganzen Haufen Selbstmitgefühl brauchen werden in nächster Zeit. Verständnis für sich, wenn's mal nicht so läuft mit dem Nicht-Nett-Sein. Und vor allem Nachsicht: Niemand ist so streng mit uns wie wir selbst, und das verbaut uns ganz oft den Blick auf das, was wir schon gut können. Gehen Sie immer mal wieder in die Außensicht und überlegen Sie sich, was Sie einem guten Freund in Ihrer Situation raten würden. Ich wette, den würden Sie auch nicht beschimpfen und ihm sagen, dass er es das nächste Mal aber echt besser machen muss!

Je fieser Sie zu sich selbst sind, desto schlechter stehen Ihre Chancen auf Veränderung. Ganz wichtig ist dabei: Es geht nicht darum, sich ständig zu sagen, wie lieb Sie sich selbst haben – sondern darum, einfach erst mal freundlich zu akzeptieren, dass es Ihnen gerade so geht, wie es Ihnen geht. Dass es okay ist, unzufrieden, wütend, traurig zu sein – und sich genauso anzunehmen, wie Sie gerade sind.

Oft ist es doch absurd: Da sind Sie nachsichtig mit dem Kollegen und nehmen ihm Arbeit ab, weil er gerade familiär zu kämpfen hat – und gehen dabei selbst vor die Hunde, weil Sie sich übernommen haben. Dann steht der Kollege, die Freundin oder der Verein ohne Sie da. Wäre es nicht schlauer gewesen, auch mal nachsichtig mit sich selbst zu sein, um genau diesen Zusammenbruch zu verhindern? Ein gesunder Egoismus nutzt also allen – nicht nur Ihnen. Vielleicht ist das ein hilfreicher Gedanke, wenn Sie das nächste Mal gefragt werden, ob Sie nicht fix mal die nächste Vereinsfeier organisieren können.

Übung: Den inneren Kritiker unter die Lupe nehmen

Nehmen Sie sich Ihre Liste mit den unterschiedlichen Situationen vor, in denen Sie ungewollt nett gewesen sind, und überlegen Sie, wie Sie in diesen Situationen mit sich umgegangen sind. Was haben Sie über sich gedacht? Haben Sie sich geärgert, sich selbst beschimpft? Notieren Sie alles, was Ihnen dazu einfällt. Und jetzt stellen Sie sich vor, ein Freund würde Ihnen von all diesen Situationen erzählen. Wie würden Sie reagieren? Was würden Sie zu ihm sagen? Ich vermute, Sie wären mit ihm deutlich weniger streng als mit sich selbst.

Führen Sie sich das immer wieder vor Augen, wenn Sie merken, dass Sie nicht nachsichtig mit sich sind – und treten Sie dann aus sich heraus, betrachten Sie sich von außen und gehen Sie weg von der übertrieben Kritik an sich selbst hin zum Selbstmitgefühl. Sie können sich auch gut zureden!

So ein schönes Selbstgespräch hat schon so manchem beim Denken geholfen – es gibt sogar Studien, die sagen, dass Menschen, die Selbstgespräche führen, Probleme sehr viel schneller lösen. Vielleicht finden Sie ja auch in sich eine Stimme, die Sie Ihrem inneren Kritiker entgegenstellen können.

Immer schön bei sich selbst bleiben

Ich will noch mal auf die Fee zurückkommen, die die Welt mit ein bisschen Zauberstaub so verwandelt, dass Sie gar nicht mehr in die Nettigkeitsfalle tappen können – weil alle um Sie herum wissen, wo Ihre Grenzen sind, was Sie verletzt und was sie tun dürfen und was eben nicht. Wenn ich mich mit anderen über schwierige Situationen unterhalte, höre ich oft Sätze wie diese:

- „Das müsste er doch wissen, dass das unverschämt ist."
- „Da hätte sie ja mal von selbst drauf kommen können."
- „Das weiß man doch, dass das so nicht geht."
- „Es wäre alles viel einfacher, wenn er sich anders verhalten würde."

Sie merken: Da geht es immer um die anderen, nie um denjenigen, der ein Problem mit der jeweiligen Situation hat. Ich antworte dann: „Wenn der andere wüsste, wie es geht, würde er es ja tun. Aber er weiß es halt nicht." Darauf folgt meistens entweder bedröppeltes Schweigen oder lauter Protest: Damit könne sich ja jeder rausreden.

Aber darum geht es mir gar nicht. Verstehen Sie mich nicht falsch: Ich will hier niemanden entschuldigen und auch nichts schönreden. Die Nachbarin, die unerlaubt in den Schränken wühlt, ist und bleibt unverschämt. Das gilt auch für die vermeintliche Freundin, die Ihnen Unmögliches an den Kopf knallt, und den Kollegen, der immerzu Ihre Ideen als seine verkauft. Aber diese Menschen handeln aus einem bestimmten Antrieb heraus, haben andere Maßstäbe, andere Werte, sind anders erzogen worden als Sie.

Wir alle leben im Grunde in unserer kleinen Welt, in der wir all das, was wir tun, für richtig und völlig normal halten. Und woher sollen wir wissen, dass unser Verhalten den anderen stört, solange uns niemand Einhalt gebietet? Es mag für jemanden völlig normal sein, einen Satz wie „Ach, das bist du auf dem Foto? Da siehst du ja richtig hübsch aus!“ zu sagen (und es vermutlich sogar als Kompliment zu meinen), wo dem anderen bei dieser Aussage die Spucke wegbleibt.

Wie gesagt: Ich will hier nichts entschuldigen. Gleichwohl ist es mir wichtig, dass Ihnen klar ist: Meine Welt ist meine Welt. Sie ist in meinem Kopf. Die Welt meines Gegenübers kann völlig anders aussehen. Deswegen ist es wichtig, sich zu äußern, Grenzen zu setzen, die eigenen Bedürfnisse klarzumachen – sprich: den anderen über das, was da in unserem Kopf stattfindet, zu informieren, denn er kann da ja nun mal nicht reinschauen.

Es ist wichtig, sich zu äußern, Grenzen zu setzen und die eigenen Bedürfnisse klarzumachen.

Der zweite Aspekt, der in diesem Zusammenhang wichtig ist und auf dem ich immer wieder herumreite: Sie können die anderen nicht ändern und auch nicht darauf hoffen, dass die anderen sich wie durch Zauberhand in Ihrem Sinne verwandeln. Sie können nur bei sich selbst anfangen – und hier kommt etwas ins Spiel, das ich als ein ganz zentrales Element meiner Coaching-Ausbildung mitgenommen habe und wovon ich total überzeugt bin: Wenn Sie Ihr Verhalten ändern, muss der andere darauf reagieren – und damit setzen Sie wie bei einem Dominospiel einen Prozess in Gang, der in jedem Fall viel Veränderung mit sich bringt.

Das heißt nicht, dass dann automatisch alles gut wird. Der Prozess, den Sie mit Ihrem veränderten Verhalten in Gang setzen, kann auch erst mal zu einer Auseinandersetzung führen – aber auch das ist gut, denn dann passiert endlich mal was! Natürlich wird der Kollege sich nicht freuen, wenn Sie ihm sagen, dass er seinen Kram selbst machen soll. Natürlich wird die Freundin, von der Sie sich nicht länger vollnölen lassen wollen, erst mal enttäuscht sein. Und auch der Schwiegervater, um den Sie sich – neben dem eigenen Haushalt und Ihrem Beruf, versteht sich – auch noch kümmern, wird nicht begeistert sein, wenn es ab jetzt eine Putzfrau und Essen auf Rädern gibt. Das müssen Sie dann aushalten können.

Dennoch habe ich immer wieder gesehen, dass genau dadurch sehr wertvolle Prozesse in Gang gesetzt wurden: Im Büro wird auf einmal darüber diskutiert, die Aufgaben neu zu verteilen, vielleicht auch jemanden zusätzlich einzustellen. Die Freundin, der Sie Einhalt geboten haben, merkt auf einmal, dass sie eben doch mal was tun muss, weil sich auch andere von ihr abgewendet haben. Tja, und der Schwiegervater? Der ist vielleicht immer noch unzufrieden, weil Ihre Frikadellen eben einfach besser sind – freut sich dann aber umso mehr, wenn er sonntags zum Essen vorbeikommen kann. Also: Fangen Sie bei sich an – und werden Sie zum interessierten Beobachter dessen, was um Sie herum passiert, wenn Sie etwas verändern.

> Wenn Sie sich keine Gedanken mehr darum machen, was der andere von Ihnen denkt und ob Sie gerade so handeln, dass es ihm gefällt, entlastet das ungemein.

Dieses Bei-sich-Bleiben hat noch einen weiteren Vorteil: Sie müssen sich keine Gedanken mehr darum machen, was der andere von Ihnen denkt und ob Sie gerade so handeln, dass es ihm gefällt. Das entlastet ungemein, denn, ganz ehrlich: Egal, was Sie tun – die anderen denken so oder so etwas über Sie. Und was das ist: Tja, wer weiß?

Zum Glück sind wir technisch noch nicht so weit, dass wir die Gedanken anderer sichtbar machen können. Vielleicht haben Sie den lohnenswerten Film „Was Frauen wollen“ mit Mel Gibson gesehen? Da knallt der gute Mel mit einem Föhn in die Wanne und bekommt einen ordentlichen Stromschlag – danach kann er hören, was die Frauen um ihn herum denken. Nicht immer ein Vergnügen. Schreiben Sie sich also bitte hinter die Ohren: Niemand kann in Ihren Kopf gucken, und Sie auch nicht in die Köpfe der anderen! Es gibt dazu ein schönes Modell, das ich Ihnen mit auf den Weg geben will: das Eisberg-Modell, das sehr anschaulich zeigt, was Sie beim anderen sehen können – und was nicht:

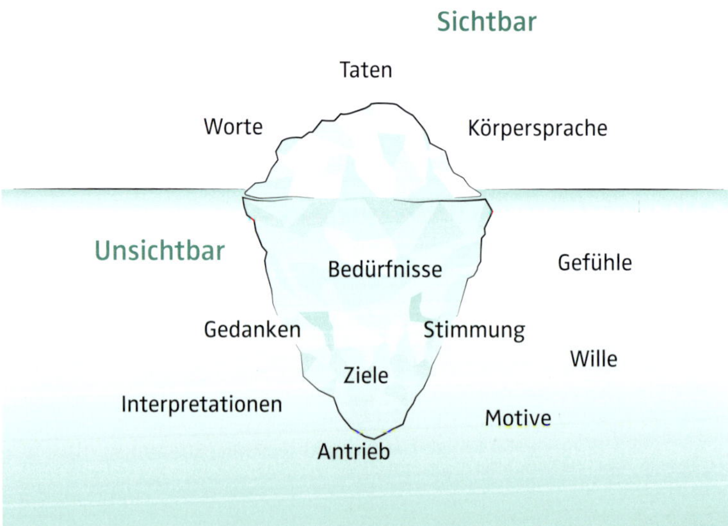

Sie sehen: Es ist nicht allzu viel, was wir am anderen bewusst wahrnehmen können – und das gilt natürlich auch umgekehrt! Ich finde dieses Modell immer wieder erhellend, weil es so einfach und klar zeigt, wie schnell wir in den anderen etwas hineininterpretieren, und natürlich auch, wie unsinnig es ist zu erwarten, dass der andere genau wüsste, was ich gerade möchte, wie es mir geht und wie ich die ganze Situation interpretiere. Im Kapitel „Selbstverteidigung durch Kommunikation“ werde ich noch einmal auf dieses Modell zurückkommen.

VOM AUTOMATISMUS ZUR IMPULSKONTROLLE

Kennen Sie Karl Valentin? Von diesem genialen Humoristen stammen unzählige wunderbare Stücke, die – obwohl fast 100 Jahre alt – bis heute zeitlos großartig sind. Mein Lieblingssatz von ihm ist: „Wie kann ich wissen, was ich denke, bevor ich höre, was ich sage?" Treffender kann man kaum formulieren, wie schnell unser Gehirn seinen liebgewonnen Automatismen folgt: Ehe man sich's versieht, ist man wieder volle Granate in die Nettigkeitsfalle getappt – obwohl man das doch gar nicht wollte ... Wie Sie das verhindern können, erfahren Sie in diesem Kapitel.

Neue Wege fürs Gehirn

Wenn Sie das Buch bis hier gelesen und die eine oder andere Übung (vielleicht ja sogar alle?) mitgemacht haben, haben Sie schon eine Menge über sich gelernt – herzlichen Glückwunsch! Vielleicht war sogar die eine oder andere Überraschung dabei? In jedem Fall haben Sie sich eine sehr gute Grundlage für alle weiteren Übungen geschaffen. Denn wie soll man etwas verändern, wenn man gar nicht weiß, wie man tickt?

Wo diese Tics herkommen, ist dabei gar nicht so wichtig, denn aus meiner Sicht begibt man sich auf der Suche danach im schlimmsten Fall nur in eine Negativspirale, in der wenig Lösungsorientiertes steckt. Gleichwohl macht es natürlich Sinn zu überlegen, wo welche Verhaltensweise herkommen könnte – wie Sie an den Glaubenssätzen gesehen haben, kommen wir damit dem einen oder anderen Irrglauben unseres Gehirns auf die Schliche.

Wo unsere Tics herkommen, ist nicht so wichtig, wichtig sind die Lösungen.

Falls Sie jetzt denken, dass bisher alles nur Bestandsaufnahme und Ursachenforschung war und gar nichts Lebensveränderndes, kann ich Sie beruhigen: Damit haben Sie schon eine ganze Menge erreicht, denn Sie sind sich bereits in vielen Punkten selbst auf die Schliche gekommen – und das allein schiebt schon richtig viel an, weil Sie nun wissen, worauf Sie bei sich selbst achten müssen und bei welchen Gedanken Sie aufhorchen sollten, damit Sie nicht wieder in die Falle tappen.

Dennoch werden Sie vermutlich immer mal wieder ins alte Fahrwasser driften – vor allem, wenn Sie im Stress sind. In diesem Kapitel will ich Ihnen einiges an die Hand geben, das Ihnen helfen soll, auch mal innezuhalten, damit Sie die Möglichkeit haben, Ihr Gehirn auf neue Wege zu schicken. Das Ding ist ja leider meistens ganz schön schnell – also brauchen Sie Methoden, die es zumindest für einen kurzen Moment stoppen, damit Sie Ihr neues Verhalten üben können.

Nach und nach wird es Ihnen dann völlig normal vorkommen, nicht immer nett, sondern authentisch, echt und ehrlich zu sein, ohne zu einem unangenehmen Menschen zu mutieren – weil Sie Ihrem Gehirn die Chance gegeben haben, neue Wege anzulegen. Dass das ein durchaus steiniger Weg sein kann, habe ich Ihnen wohl oft genug gesagt – aber auch, dass es mit Übung, Dranbleiben und einer guter Portion Nachsicht gelingen kann, sich zu ändern.

Warum uns Achtsamkeit helfen kann

Eine der wichtigsten Methoden, die dabei zum Einsatz kommt, ist die Achtsamkeit. Ja, ich weiß – ihr begegnet man seit Jahren überall, in Ratgebern, in Frauenzeitschriften genauso wie in Wissenschaftsmagazinen, und auch die Werbeindustrie hat den Begriff längst für sich entdeckt und bringt ihn bei jeder Gelegenheit an. Ganz ehrlich: Ich war auch ausgesprochen skeptisch, als der Achtsamkeits-Trend über uns hereinbrach, und habe mich tapfer dagegen gewehrt, auf der Welle mitzuschwimmen. Bis ich irgendwann doch so viel Gutes darüber gelesen hatte, dass ich neugierig wurde.

Also habe ich einen Kurs mitgemacht – einen Acht-Wochen-MBSR-Kurs nach Jon Kabat-Zinn. MBSR bedeutet „Mindfulness-Based Stress Reduction“, übersetzt in etwa „Stressbewältigung durch die Praxis der Achtsamkeit“ – ein Programm für alle, die „lernen wollen, mit dem Alltagsstress so umzugehen, dass sie dadurch nicht krank werden“, so Linda Lehrhaupt und Petra Meibert in ihrem lesenswerten Buch über MBSR. Und weiter: „Durch die Übung der Achtsamkeit können Sie Ihre Lebensweise verbessern und die Sichtweise auf Ihre Probleme hinterfragen, so dass Sie auf neue Lösungsmöglichkeiten kommen.“ Und das ist genau das, was wir brauchen – deswegen übernehmen wir hier einen Teil des Programms, um weg vom Automatismus hin zu einer überlegten Handlungsweise zu kommen.

> Durch die Übung der Achtsamkeit können Sie Ihre Lebensweise verbessern und auf neue Lösungsmöglichkeiten kommen.

Ganz wichtig: Oft wird Achtsamkeit als Allheilmittel gepriesen. Sie wissen ja, was ich von Allheilmitteln halte: genau, gar nichts. Ich bin aber davon überzeugt, dass es ein ausgesprochen hilfreiches Puzzleteil für Menschen ist, die – aus welchen Gründen auch immer – zur Ruhe kommen wollen. Die verschiedenen Übungen, die Ihre Selbstwahrnehmung schulen, Ihnen Ihre Grenzen bewusst machen, Ihnen Ihre persönlichen Stressmuster vor Augen führen und Ihre Selbstfürsorge stärken, tragen wesentlich dazu bei, dass Sie sich mit sich, Ihren Stärken und Schwächen gut fühlen und aus dem oft selbst geschaffenen Stress herauskommen. Ich bin davon begeistert – vielleicht lassen Sie sich davon ja anstecken.

EINEN GUTEN LEHRER FINDEN

Unter www.mbsr-verband.de finden Sie alles rund um die Achtsamkeit und vor allem eine Liste zertifizierter MBSR-Lehrer. Diese Lehrer haben eine solide Ausbildung und wissen sehr genau, was sie tun, vor allem wissen sie auch, wann bestimmte Übungen nicht für Sie geeignet sind. Wenn Sie keinen ausgewiesenen MBSR-Lehrer in Ihrer Nähe finden, suchen Sie sich einen Coach oder eine Dozentin, der oder die ähnliche Qualifikationen nachweisen kann und für Ihre Bedürfnisse das Passende anbietet.

Achtsamkeit als Bremse im Kopf

Jetzt möchte ich Sie mit einem Teilaspekt der Achtsamkeit vertraut machen: dem Innehalten. Was sich so lapidar anhört, ist zum einen ausgesprochen hilfreich für Ihre Befreiung aus der Nettigkeitsfalle, zum anderen manchmal sauschwer – vor allem, wenn's gerade rundgeht. Aber ich kann Ihnen aus eigener Erfahrung sagen: Es ist machbar, denn unser Gehirn ist rasend schnell, weswegen eine Sekunde des Innehaltens reichen kann, um es auf einen anderen Verhaltensweg zu schubsen.

Mit Innehalten meine ich natürlich nicht, dass Sie wie beim guten alten Musik-Stopp-Spiel kurz einfrieren und für ein paar Sekunden bewegungslos verharren (wobei, wenn ich mir das so vorstelle, fände ich es ganz witzig!). Beim Innehalten im Sinne der Achtsamkeit geht es um Folgendes:

1. Atmen. Ich weiß – das tun Sie ohnehin unentwegt, und das ist auch gut so! Aber: Wer angestrengt und gestresst ist, atmet auch so – meistens nur in den Brustraum und mit eher hoher Frequenz, wie ein hechelnder Hund. Das ist nicht sehr förderlich fürs Runterfahren – und das ist ja das, was Sie wollen. In den Momenten des Innehaltens lenken Sie Ihre Atmung wieder in den Bauchraum und reduzieren die Frequenz. Wenn es Ihnen hilft, schließen Sie kurz die Augen und legen Ihre Hand auf den Bauch.
2. Nehmen Sie wahr, was gerade ist. Das heißt: Wie geht es Ihnen gerade? Wie fühlen Sie sich? Was ist um Sie herum los?
3. Lassen Sie alle Gedanken zu, die Ihnen gerade durch den Kopf schwirren, und werden Sie zum Beobachter dieser Gedanken. Stellen Sie sich vor, sie ziehen wie große beschriftete Ballons an Ihnen vorbei. Und Sie stehen staunend auf einer Wiese und betrachten all das, was da an Ihnen vorbeifliegt.
4. Das alles tun Sie bitte, ohne sich und die Situation zu bewerten – und das ist die eigentliche Herausforderung, denn in Sachen Bewerten sind wir echte Weltmeister. Wir stopfen alles sofort in unsere Kategorie-Schubladen von doof bis toll, von unangenehm bis schön, von stressig bis entspannt. Doch das führt dazu, dass wir in unseren vorhandenen Denkmustern bleiben – und schwupps, haben wir so gehandelt wie immer.

Das ist, gerade am Anfang, eine echte Herausforderung. Ihr Gehirn ist das nun mal nicht gewohnt – es will zackzack vorankommen, und zwar auf den gewohnten Bahnen. Nichts mit Innehalten, weitermachen! Das zu durchbrechen braucht – Überraschung! – Übung.

Das Innehalten zur Routine machen: Hilfsmittel

Halten Sie mehrfach am Tag inne – einfach mal so zwischendurch. Je öfters Sie das machen, desto mehr wird dieses Innehalten zur Routine, denn Sie legen damit einen neuen Weg in Ihrem Gehirn an und können ihn irgendwann auch in stressigen Situationen beschreiten.

Für den Anfang können Sie sich kleine Hilfsmittel zurechtlegen, um sich an das Innehalten zu erinnern, beispielsweise:

- ***Post-its:*** *Verteilen Sie Post-its an strategisch geschickten Orten (Badezimmerspiegel, Computerbildschirm, Kaffeemaschine). Schreiben Sie etwas wie „Atmen. Innehalten." darauf, ganz kurz und knackig. So etwas mag unser Gehirn: je klarer und kürzer, desto besser.*
- ***Wecker:*** *Stellen Sie sich auf Ihrem Smartphone mehrere Wecker am Tag oder nutzen Sie die Erinnerungsfunktion. Wählen Sie dafür unbedingt einen Ton, der Ihnen gefällt. Jedesmal, wenn das Handy bimmelt, halten Sie inne (natürlich nicht beim Autofahren oder ähnlichen Tätigkeiten).*
- ***Vibrationsarmband:*** *Viele Fitnesstracker, aber auch diverse andere Armbänder, die man mit dem Smartphone verbinden kann, kann man so einstellen, dass sie zu bestimmten Uhrzeiten vibrieren. Es gibt auch Armbanduhren, die mit Vibration arbeiten. Das ist schön unauffällig und kann in Situationen eingesetzt werden, in denen die Weckfunktion zu laut wäre. Auch hier gilt: Programmieren Sie verschiedene Weckzeiten, und immer wenn's am Handgelenk vibriert, halten Sie inne.*
- ***Meditations-Apps:*** *Es gibt tolle Apps mit Atem- und anderen kleinen Meditationsübungen. Die meisten dieser Apps haben auch eine eingebaute Erinnerungsfunktion. Schauen Sie einfach mal im Appstore oder Playstore, welche Ihnen gefällt – es gibt wirklich eine Unmenge davon.*
- ***Verbündete:*** *Manchmal reicht der Blick eines Kollegen oder ein sanfter Anstupser von der Seite, um uns zu zeigen, dass wir kurz davor sind, etwas ganz Blödes zu machen oder zu sagen. Sicher ist das nicht in allen Situationen machbar, aber wenn Sie wissen, dass Sie jemanden neben sich sitzen haben, beispielsweise in einer Besprechung oder beim Abendessen bei Freunden, der Sie gut kennt, weihen Sie ihn in Ihre Pläne ein, nicht mehr immerzu so nett zu sein, und bitten Sie ihn, Ihnen zu signalisieren (natürlich unauffällig), wenn er denkt: „Oh, oh, jetzt sagt sie gleich wieder Ja …"*

Warum ist dieses Innehalten so wertvoll? Weil es Ihnen ermöglicht, eine bewusste Entscheidung zu treffen und Sie damit Ihre automatisierten Handlungsabläufe stoppen. Wenn Sie eine gewisse Routine im Innehalten haben, folgt die nächste Stufe: Sie verknüpfen das Innehalten mit den Gefühlen, die auftreten, wenn Sie mal wieder kurz davor sind, ungewollt nett zu sein.

Übung: Innehalten und Gefühle wahrnehmen

Sie haben diese wunderbare Listen mit den unterschiedlichen Situationen. Schnappen Sie sich die mit den „Aber ich wollte doch gar nicht nett sein"-Momenten, gehen Sie in sich, führen Sie sich das Ganze noch mal intensiv vor Augen und nehmen Sie erst mal alle Gefühle wahr, die in Ihnen auftauchen. Dann notieren Sie sie bitte.

Diese Gefühle sind Ihre inneren Warnlampen – Ihre innere Vibration sozusagen, die Sie darauf aufmerksam macht: „Hey, da stimmt gerade was nicht!" Sobald diese Gefühle in Zukunft in Ihnen auftauchen, halten Sie kurz inne – und beobachten sich. Was ist hier gerade los? Warum fühlt sich die Situation gerade nicht gut für Sie an? Und, vor allem: Wie will ich jetzt reagieren?

Das Ziel dieser Übungen ist auch, dass Sie sich selbst aus Ihrer Kaninchen-vor-der-Schlange-Haltung rausholen können und in eine Haltung der Selbstbestimmtheit kommen. Denken Sie immer dran: Unser Gehirn ist daran interessiert, mit möglichst wenig Energieverbrauch durch den Tag zu kommen – und die vielen Automatismen sorgen genau dafür. Dadurch fühlen Sie sich aber auch schnell fremdbestimmt – von Ihrem eigenen Gehirn! Also zeigen Sie ihm, wo es langgeht!

Sie müssen nicht jeden Schuh anziehen, der Ihnen hingehalten wird – Sie dürfen wählen: Nehmen Sie den „Ich erledige deine Aufgabe noch mit"-Schuh oder wählen Sie lieber den „Och nö, ich mach heute eher Feierabend"-Pantoffel? Welcher Ihrer Stimmen im Kopf geben Sie nach? Der „Na gut, dann mach ich's eben"-Stimme oder der „Jetzt reicht's – ich muss ihm jetzt sagen, dass das so nicht geht"-Stimme?

Das Innehalten eröffnet Ihnen neue Spielräume.

Das Innehalten eröffnet Ihnen neue Spielräume – und davon gibt es eine ganze Menge. Probieren Sie sie aus – und was sich als praktikabel herausstellt, behalten Sie bei. Die eine oder andere Idee werde ich Ihnen in diesem Buch noch liefern – ich bin aber sicher, dass Sie mit der Zeit auch ganz eigene Wege finden werden.

Aus alt mach neu

Wichtig ist bei all dem: Wenn Sie erkannt haben, dass ein in Ihnen abgespeichertes Verhaltensmuster für Sie schädlich ist, müssen Sie es durch ein neues ersetzen. Sie können es also nicht einfach rauswerfen, denn dann entsteht da eine Lücke, und Ihr Gehirn fragt sich panisch „Äh, und nun? Wo soll ich denn jetzt weitergehen?“, und zack sind Sie wieder in der alten Gewohnheit gelandet und sagen der rücksichtslosen Studentin von nebenan doch wieder nicht, dass ihre laute Musik nachts um drei einfach nicht geht. Sie brauchen diese Alternativhandlung auch, damit Ihr Gehirn sich selbst belohnen kann. Ich erkläre das an einem Vorher-Nachher-Beispiel:

Ein abgespeichertes Verhaltensmuster, das für Sie schädlich ist, können Sie durch ein neues ersetzen.

Vorher: Helmut konnte mal wieder nicht Nein sagen, als der Kollege ihn fragte, ob er das Protokoll in der Sitzung an seiner Stelle führen könne. Helmut wusste ganz genau: Der Kollege drückt sich mal wieder. Aber eh er sich's versah, hatte er Ja gesagt – und diese elende Pflicht an den Hacken. Auslöser für dieses ungewollte Nett-Sein war der gute alte Glaubenssatz: Wenn ich Nein sage, mag der Kollege mich nicht mehr.

Was ist hier die Belohnung fürs Gehirn? Das Gefühl, gemocht zu werden. Ist ja auch ein schönes Gefühl. Nur kommt blöderweise danach ein ganz doofes Gefühl, nämlich das, wiedermal der Depp vom Dienst zu sein.

Nachher: Helmut hat erkannt, dass er nicht mehr Everybody's Depp sein will. Das ist schon mal ein guter erster Schritt. Er hat sich außerdem überlegt, wie er sich das nächste Mal verhalten will, wenn ihm der Kollege wieder so kommt, und hat sich passende Worte zurechtgelegt. Gedacht, getan. Als ihm der Kollege das nächste Mal das Protokollführen aufs Auge drücken will, hält Helmut kurz inne, atmet einmal tief durch – und lehnt ab. Das fühlt sich im ersten Moment wahrlich nicht gut an – das Gehirn will belohnt werden! Dann macht Helmut sich bewusst, dass das ganz schön cool war, endlich mal Nein zu sagen – und freut sich, dass er so mutig war! Zack – Gehirn belohnt. Mit positiven Gefühlen! Sie erinnern sich: Die sind sehr wichtig.

Was ist das Entscheidende bei der Nachher-Variante? Helmut hat seinem Automatismus eine bewusste Handlung entgegengesetzt. Er ist also aus dem Automatismus herausgekommen. Dabei hat ihm zum einen das Innehalten geholfen, zum anderen hat er sich ein konkretes Ziel vor Augen geführt.

Der Psychologe Peter Gollwitzer empfiehlt für solche Situationen, Wenn-Dann-Pläne zu schmieden. Damit geben Sie Ihrem Gehirn eine bestimmte Richtung vor, so dass es in der konkreten Situation nicht mehr hektisch nach einer Alternative suchen muss. Je konkreter diese Pläne, desto besser. Und: Sie müssen machbar sein. Es hilft Ihnen gar nichts, wenn Sie sich in Ihren wildesten Träumen ausmalen, wie Sie den idiotischen Kollegen actionkinoreif an seinen Füßen aus dem Fenster hängen lassen, um ihm klarzumachen: So geht's nicht.

Übung: Wenn-Dann-Listen anlegen

Sie werden Ungewollt-nett-Situationen haben, die sich immer wiederholen: der nervige Kollege, der Ihnen seine Arbeit aufdrückt, die Nachbarin, die immer wieder ungefragt auf Ihrer Terrasse auftaucht, die Freundin, die Sie immerzu nur als emotionalen Mülleimer nutzt etc. Legen Sie sich für diese „Und täglich grüßt das Murmeltier"-Momente Wenn-Dann-Listen in Ihrem Notizbuch an:

- *Wenn der Kollege wieder mit seinem Kram ankommt, werde ich ihn darauf hinweisen, dass ich jetzt Feierabend mache.*
- *Wenn die Nachbarin es nicht unterlässt, zu jeder Tages- und Nachtzeit bei mir aufzutauchen, werde ich mit ihr reden.*
- *Wenn die Freundin wieder davon anfängt, dass die Welt ungerecht ist (und natürlich nur zu ihr!), werde ich ihr sagen, dass mir das auf den Wecker geht.*

Nutzen Sie dafür auch die Hinweise zu den Themen Haltung, Sprache und Kommunikation, die Sie in den nächsten Kapiteln finden werden.

Zeit gewinnen durch Übersprungshandlungen

Sie kennen den Begriff vielleicht aus der Tierwelt. Nehmen wir beispielsweise meine Katzen: Die beiden haben sich meistens sehr lieb, aber ab und zu müssen sie austesten, wer schneller, besser, schlauer ist – also wird eine rasante Jagd im Wohnzimmer veranstaltet. Kater Michel versteckt sich hinter dem Sofa, sprungbereit wartet er auf Katze Mia – und was macht die auf einmal? Putzt sich. In aller Seelenruhe.

Eine klassische Übersprungshandlung beim Menschen sieht so aus: Man kratzt sich am Kopf, wenn man eine schwierige Aufgabe lösen muss und nicht so recht vorankommt. Statt sofort aufzugeben oder noch angestrengter nach einer Lösung zu suchen, macht man also erst mal etwas anderes – auch wenn das auf den ersten Blick bei der Lösungssuche kaum helfen wird. Typischerweise passieren solche Übersprungshandlungen in Konfliktsituationen und erscheinen auf den ersten Blick ziemlich sinnlos. Auf den zweiten Blick wird klar: Sie verschaffen uns Zeit und einen Moment des Innehaltens – und Sie haben ja gelernt: Innehalten ist gut!

Deswegen machen wir uns diesen Automatismus zunutze und setzen ihn ganz bewusst ein. Vielleicht kennen Sie die großartige Serie „The Crown“, die die Geschichte von Königin Elisabeth II. erzählt. Meist, wenn Elisabeth einer schwierigen Situation ausgesetzt ist, sagt sie: „Oh …“ und danach oft: „Setz dich.“ Dann schweigt sie erst mal. Auch wenn ihrem Gesicht kaum eine Regung zu entnehmen ist, weiß der Zuschauer ganz genau: Im Inneren tobt es. Aber: Als Queen kann sie nicht mal so eben einen Wutanfall bekommen und impulsiv reagieren, sondern unterliegt gewissen Regeln. Also hat sie für sich diesen Ablauf etabliert, der ihr ausreichend Zeit gibt, sich im Inneren einzufangen und ganz ladylike und ihrer Rolle entsprechend zu reagieren.

Übersprungshandlungen verschaffen uns Zeit und einen Moment des Innehaltens.

Was die Queen kann, können Sie auch! Legen Sie sich ein kleines Repertoire an solchen Übersprungshandlungen an. Wenn beispielsweise Ihr Kollege mit der tausendsten Aufgabe zu Ihnen kommt, sagen Sie in Zukunft erst mal „Ich brauch jetzt 'nen Kaffee."

Dann haben Sie Zeit, sich eine entsprechende Antwort zu überlegen, fühlen sich aber nicht wie ein Idiot, der nichts zu sagen weiß. Das bedeutet: Sie machen erst einmal etwas, das überhaupt nichts mit der Situation zu tun hat – und haben damit ausreichend Zeit, sich eine adäquate Reaktion zu überlegen. Sie erweitern das wohltuende Innehalten also einfach. Es ist völlig legitim, sich erst mal aus dem Staub zu machen. Niemand zwingt Sie, immer auf alles sofort zu reagieren. Natürlich geht das nicht immer – ich finde aber, der Versuch, auch mal einen auf Queen zu machen, lohnt sich!

Übung: Kleine Sätze, die Ihnen Zeit verschaffen

Eigentlich ist eine Übersprungshandlung etwas Unbewusstes. Deswegen ist es gar nicht so einfach, das zu üben. Sie können sich aber ein kleines Repertoire an Sätzen zulegen, die Sie passend zur jeweiligen Situation anwenden können, z. B.:

- *„Oh, ich glaub, mein Handy klingelt gerade. Moment."*
- *„Ich bin mir nicht sicher, ob ich dich gerade richtig verstanden habe. Was hast du gesagt?"*
- *„Ich muss mal kurz auf die Toilette. Ich bin gleich wieder da."*
- *„Mist, ich hab mein Portemonnaie im Büro vergessen. Ich komm nach."*
- *„Ich hol mir einen Kaffee, und dann besprechen wir das in Ruhe."*

Vielleicht tut es manchmal auch ein einfaches „Hm" oder „Aha", dazu ein nachdenkliches Gesicht. Auch das verschafft Ihnen Zeit zum Nachdenken. Aber passen Sie bitte auf, dass Ihre Ausweichmanöver nicht zu offensichtlich wirken.

DURCH ÄUSSERE HALTUNG INNERE STABILITÄT ERREICHEN

Es hört sich im ersten Moment etwas abgedreht an: Es ist möglich, den Geist, sprich: Ihr Gehirn, durch die äußere Haltung zu beeinflussen. Ich war am Anfang auch skeptisch – bis ich es ausprobiert habe. Dazu möchte ich Sie hiermit ausdrücklich ermuntern, denn: Ihr Körper kann mehr, als Sie denken!

Hallo, ich bin's! Dein Körper!

Sie kennen das vielleicht: Sie sind in einer heftigen Diskussion gelandet, vielleicht mit einem Kollegen oder einer Freundin, und merken, wie Ihnen die Hitze vom Dekolleté bzw. der Brust über den Hals ins Gesicht wandert. Zumindest ich kenne dieses Phänomen sehr gut. Vielleicht werden auch Ihre Hände schweißnass, Ihr Gesicht käseweiß, Ihr Magen grummelt oder Sie haben das Gefühl, dass ein fetter Frosch in Ihrem Hals sitzt.

Was ist da passiert? Die von mir sehr geschätzte Maja Storch hat das in dem Buch „Embodiment – Die Wechselwirkung von Körper und Psyche verstehen und nutzen" – sehr treffend formuliert:

> *„Psychisches Erleben findet seinen Niederschlag auch im äußerlich sichtbaren Körpergeschehen."*

Oft verfluchen wir in so einem Fall unseren Körper, weil er uns verrät, im Stich lässt, nicht unterstützt. Natürlich – ich freue mich auch nicht gerade darüber, wenn ich gefragt werde, ob ich eine Allergie habe, weil mein Hals ganz rot ist. Gleichwohl zeigt eine solche Reaktion eines sehr deutlich: Körper und Geist sind eine Einheit, sie gehören zusammen. Nur leider haben wir das in unserer modernen Zeit irgendwie vergessen. Dabei können wir unserem Körper sehr dankbar sein, dass er uns so zuverlässig Bescheid gibt.

Körper und Geist sind eine Einheit, sie gehören zusammen.

Er ist ein bisschen wie ein guter Wachhund: Wenn ihm etwas komisch vorkommt oder er sich bedrängt fühlt, schlägt er an und macht damit ganz deutlich, dass da gerade was nicht stimmt. Ich habe auch eine ganze Weile gebraucht, um das für mich zu akzeptieren. Mittlerweile weiß ich: Wenn Tante Migräne vorbeikommt, hat das nicht nur etwas mit dem Wetter zu tun.

Die Trennung von Körper und Geist geht ursprünglich auf René Descartes zurück, dem frühneuzeitlichen Begründer des Rationalismus. Keine Sorge, ich werde Ihnen keinen Vortrag über Philosophie halten, dennoch finde ich es spannend, sich klarzumachen, wo dieser ganze Kram eigentlich herkommt.

Rationalismus bedeutet (es mögen mir alle Philosophie-Bewanderten meine sehr grobe Erklärung verzeihen): Nur die Vernunft zählt, pfeif aufs Gefühl und auf deine Erfahrungen. Bitte verstehen Sie mich nicht falsch – Monsieur Descartes hat viel Gutes zur Entwicklung der Welt beigetragen und der Aufklärung den Weg geebnet. Auch ich halte es für sehr sinnvoll, sich des eigenen Verstandes zu bedienen und Gegebenes zu hinterfragen.

Die damit einhergehende Trennung von Körper und Geist hat uns aber leider auch viel Ungutes gebracht, das sich bis heute gehalten hat: Noch immer wird beispielsweise in der Schulmedizin oft nicht nach den Ursachen einer Erkrankung gefragt, sondern nur die Symptome behandelt. Und dann wundert man sich, warum die Rückenschmerzen trotz der ganzen Krankengymnastik, der diversen Spritzen und Tabletten nicht weggehen, aber auf wundersame Weise verschwinden, wenn man eine ungesunde Beziehung beendet.

Zum Glück setzt hier nach und nach ein Wandel ein, und dank der modernen Forschung, die mit großartigen Methoden so vieles, was in uns vorgeht, sichtbar machen kann, wird immer klarer: Körper und Psyche sind sehr eng miteinander verbunden. Wir sind keine „körperlosen Gespenster“, wie Maja Storch es nennt – wir sind eine Einheit, und Körper und Psyche beeinflussen sich gegenseitig – und zwar in beide Richtungen. Und genau das machen wir uns jetzt zunutze.

Vom Kopf in den Körper

Die eine Richtung ist uns allen wohlbekannt – die körperliche Reaktion folgt auf das, was wir erleben, sagen oder denken. Sie stehen zum Beispiel auf einer Bühne und fangen an zu schwitzen. Oder: Sie streiten sich mit einem Kollegen und bekommen einen roten Kopf. Dass es auch andersrum laufen kann, dass Sie also durch Ihre äußere Haltung Ihr Innenleben beeinflussen können, wirkt auf den ersten Blick eher befremdlich.

Die Wissenschaft hat dieses Phänomen auch eher zufällig entdeckt – bei der Erforschung von Gesichtsausdrücken. Um sie zu klassifizieren, mussten die Versuchsteilnehmer des amerikanischen Anthropologen Paul Ekman diese Gesichtsausdrücke künstlich einnehmen – und stellten dabei fest, dass dem jeweils eingenommenen Gesichtsausdruck das dazu passende Gefühl nachfolgte. Das heißt: Die Nervenautobahn funktioniert in beide Richtungen, Emotionen können willentlich und gezielt erzeugt werden. Nehmen wir einen bestimmten Gesichtsausdruck ein, funken

Emotionen können willentlich und gezielt erzeugt werden.

die Muskeln ans Gehirn: „Hey, der lächelt. Schütte mal bitte die dazu passenden Hormone aus!“

Glauben Sie nicht? Dann schnappen Sie sich mal einen Stift und klemmen ihn sich quer zwischen die Zähne. Ich muss dann automatisch anfangen zu lächeln – und zwar nicht nur, weil ich weiß, dass ich gerade ziemlich bescheuert aussehe. Das liegt daran, dass bei dieser Art des Stifthaltens genau die Gesichtsmuskeln aktiviert werden, die wir auch unbewusst beim Lachen oder Lächeln einsetzen.

Falls Sie nicht gern auf Stiften rumbeißen, können Sie auch Folgendes probieren: Nehmen Sie eine möglichst demotivierte Körperhaltung ein. Die Schultern hängen, die Arme baumeln wie Fremdkörper an Ihnen, der Kopf ist gesenkt, die Stirn gerunzelt, dazu noch schön hängende Mundwinkel. Das sieht dann in etwa so aus:

So bleiben Sie jetzt einfach mal stehen und spüren für ein bis drei Minuten in sich hinein. Na, wie geht’s Ihnen? Haben Sie richtig Bock auf den Tag? Auf eine neue Aufgabe? Darauf, die nächsten Übungen in diesem Buch zu absolvieren? Vermutlich eher nein.

Dann versuchen wir es mal anders: Richten Sie sich auf, die Schultern bewegen sich nach hinten unten, der Brustkorb dehnt sich (wenn Ihnen das schwerfällt, drehen Sie gleichzeitig die Daumen nach hinten, dann folgen die Schultern automatisch), der Kopf hebt sich und auch die Mundwinkel, das Becken richtet sich auf (wobei ein bisschen Hohlkreuz in Ordnung ist), die Füße stehen schön flächig auf dem Boden, und die Knie sind ganz leicht angewinkelt. Das sieht dann in etwa so aus:

Auch diese Haltung nehmen Sie bitte für ein bis drei Minuten ein. Machen Sie zwischendurch gerne mal die Augen zu, atmen Sie entspannt und beobachten Sie, was in Ihnen passiert. Und jetzt: Augen auf. Wie sieht es nun aus? Wie ist Ihre Laune? Mit großer Wahrscheinlichkeit besser.

Körperhaltung und Hormonhaushalt stehen miteinander in Verbindung.

Warum das so ist, hat unter anderem Amy Cuddy, eine amerikanische Sozialpsychologin, in mehreren Experimenten erforscht. Sie maß bei den Probanden sowohl vor als auch nach dem Einnehmen bestimmter Posen den Hormonhaushalt. Das Ergebnis: Bei denjenigen, die die sogenannte Wenig-Macht-Pose eingenommen hatten (hängende

Schultern usw.), war im Anschluss mehr Cortisol im Blut zu finden und weniger Testosteron. Ganz anders verhielt es sich bei den Probanden, die eine Viel-Macht-Pose oder auch Power-Pose eingenommen hatten – diese hatten deutlich weniger Cortisol im Blut, dafür sehr viel mehr Testosteron. Was bedeutet das?

Ich fange mal mit dem Cortisol an, das grundsätzlich eine gute Sache ist. Ohne Cortisol würden wir beispielsweise morgens gar nicht aus dem Bett kommen. Es unterstützt uns auch in Situationen, in denen wir sehr aufmerksam sein müssen. Es ist das typische Stress-Hormon. Haben wir aber dauerhaft zu viel davon im Blut, kann es dafür sorgen, dass wir sehr krank werden – ein ständig erhöhter Cortisolspiegel kann beispielsweise zu Schlaflosigkeit, Konzentrationsproblemen und Angstzuständen führen. Wir sind dann ständig in Hab-Acht-Stellung und sehr angespannt. Das Hormon zerstört bei Dauerstress sogar Hirnzellen.

Bei Testosteron denken wir, dass das nur bei Männern vorhanden ist. Denkste! Auch Frauen haben es in sich – und entgegen seinem schlechten Ruf hat es auch einige wirklich gute Seiten: Testosteron wirkt aktivierend und steigert den Antrieb. Außerdem sorgt es für mehr Selbstvertrauen (manchmal auch für zu viel davon, aber wir betrachten hier einfach mal die guten Seiten dieses Hormons).

Kehren wir zum Experiment von Amy Cuddy zurück. Das Ergebnis war, dass die Power-Pose zu einem erhöhten Testosteron-Spiegel und einem Absenken des Cortisol-Spiegels führte, sprich: weniger Anspannung und Angst im Körper, mehr Selbstvertrauen. Und das alles „nur“, weil sich jemand wie Superman oder Superwoman hingestellt hat. Ist das nicht erstaunlich? Und auch fantastisch, weil wir das für uns nutzen können?

Übung: Power-Posen

Nehmen Sie mindestens einmal am Tag eine der Power-Posen ein. Das kann die Wonder-Woman-Pose sein (breitbeinig stehen, Hände in die Hüften gestemmt, Kopf nach oben gereckt) oder auch die Siegerhaltung (breitbeinig, aufrecht stehend, Arme in die Höhe gestreckt) oder eine andere Pose, die Ihnen Kraft gibt. Der optimale Zeitpunkt ist morgens, denn dann starten Sie mit guter Laune und gestärkt in den Tag.

Versuchen Sie, die Pose zur Routine werden zu lassen: raus aus dem Bett, Kaffee trinken, Zähne putzen, Power-Posing für drei Minuten, Duschen, Anziehen, los. Oder in der Mittagspause in der Toilette – hier sieht Sie kein Mensch, und es wundert sich auch niemand, wenn Sie da mal ein paar Minuten mehr verbringen …

Sie werden sich am Anfang unheimlich bescheuert dabei vorkommen, aber ich verspreche Ihnen: Es wird Ihnen helfen!

AMY CUDDYS TED-TALK

Wenn Sie Zeit haben, schauen Sie sich auf Youtube Amy Cuddys TED-Talk dazu an – Sie müssen nur „Amy Cuddy" und „TED" eingeben, schon haben Sie das Video gefunden.

Fake it 'til you become it

Was bedeutet das nun alles für Sie und Ihren Sprung aus der Nettigkeitsfalle? Zuerst einmal, dass Sie sich und vor allem Ihren Körper in der nächsten Zeit genauer beobachten. Wie reagieren Sie, wenn der unliebsame Kollege zur Tür reinkommt oder die doofe Nachbarin Ihnen wieder auf die Pelle rückt? Sacken Sie in sich zusammen? Wollen Sie sich verdrücken und versuchen, hinter dem Schreibtisch oder dem Sofa zu versinken? Dann heißt es ab sofort: Tief Luft holen und erst mal aus dieser Haltung raus, denn sie ist keine gute Startposition für die weitere Auseinandersetzung.

Lassen Sie uns eine passende Haltung finden, die Ihnen Kraft gibt. Amy Cuddy sagt in ihrem TED-Talk: „Don't fake it 'til you make it, fake it 'til you become it. " Sprich: Wenn Sie sich eigentlich gerade unwohl fühlen, aber bewusst eine selbstbewusste Pose einnehmen, üben Sie das so lange, bis sich die Pose natürlich für Sie anfühlt – bis Sie nicht nur so tun, als ob Sie selbstbewusst wären, sondern es wirklich sind.

Finden Sie eine passende Haltung, die Ihnen Kraft gibt.

Was mir in diesem Zusammenhang ganz wichtig ist: Es geht hier nicht darum, dass Sie wie eine Marionette auf Knopfdruck bestimmte Posen einnehmen, und es macht auch keinen Sinn, dass Sie in Konfliktsituationen wie Superwoman vor Ihrem Kontrahenten stehen – dann nimmt er Sie im Zweifelsfall gar nicht mehr ernst.

Ihre Aufgabe ist es, eine Haltung zu finden, die zu Ihnen passt und die Ihnen Stabilität verleiht. Ein paar Grundregeln für eine solche Haltung gibt es: aufrecht, stabil, mit beiden Beinen auf dem Boden, Blick nach vorn. Keine verknoteten Beine, kein ausweichender Blick. Aber ob Sie Ihre Arme nun verschränken oder baumeln lassen, das Merkel-Dreieck machen oder Ihre Arme in die Hüfte stemmen, ist ganz Ihnen überlassen.

Übung: Posen testen vor dem Spiegel

Sie haben bestimmt irgendwo zu Hause einen großen Spiegel. Wenn nicht: Gönnen Sie sich einen solchen – es gibt sie günstig beispielsweise bei diesem schwedischen Möbelhaus. Und jetzt testen Sie verschiedene Posen und die dazu passende Mimik.

Sie können dazu erst einmal die Augen schließen und Ihren Körper so „zurechtbiegen", dass Sie sich selbstbewusst fühlen. Dann auf mit den Augen und überprüfen. Wie stehen Sie? Lächeln Sie? Was machen Ihre Hände? Wechseln Sie auch zwischendurch in die Pose, die Sie einnehmen, wenn Sie sich unwohl fühlen. Dazu wieder die Augen schließen, eine ent-

sprechende Situation vor Augen führen, den Körper machen lassen – und Augen auf! Wie wirken Sie? Wie geht es Ihnen?

Und dann kehren Sie zurück in Ihre Ich-bin-der-Situation-gewachsen-Pose. Machen Sie das mehrfach hintereinander, damit Ihr Körper lernt, wie er aus der doofen Pose in die tolle Pose kommt.

Wenn Sie mögen, können Sie Ihre Ich-bin-der-Situation-gewachsen-Pose anderen zeigen und sie fragen, wie sie Sie wahrnehmen. Vielleicht gibt es ja noch Verbesserungspotential? Aber bitte immer dran denken: Nehmen Sie nur das an, was sich für Sie gut anfühlt!

Sie können Ihr Repertoire in Sachen Körperhaltung beliebig erweitern. Auch hier ist der erste Schritt: Beobachtung. Welche Körperhaltung nehmen Sie ein, wenn Sie wütend sind? Wie äußert sich Anspannung bei Ihnen? Verzweiflung? Angst? Werden Sie zum genauen Beobachter Ihrer selbst. Wenn möglich, notieren Sie Ihre Eindrücke in Ihrem Notizbuch, vielleicht fügen Sie sogar eine Zeichnung Ihrer Haltung dazu. Es reicht ja ein Strichmännchen.

Wenn es Ihnen in der akuten Situation nicht gelingt, Ihre Körperhaltung wahrzunehmen, stellen Sie sich wieder vor Ihren Spiegel. Und dann gehen Sie auf die Suche nach den passenden Gegen-Haltungen. Wie stehen, wie sitzen Sie, wenn Sie total gelassen sind? Wie sehen Sie aus, wenn Sie sich gut gerüstet für eine Auseinandersetzung fühlen? Nutzen Sie das Repertoire, das Ihnen Ihr Körper zur Verfügung stellt – denn da ist eine ganze Menge vorhanden. Wenn es Ihnen schwerfällt, solche Haltungen für sich selbst zu finden: Schauen Sie sich um. Wie steht Ihre Freundin, die Sie für ihr Selbstbewusstsein bewundern? Welche Haltung nimmt der Kollege ein, der immer so souverän in Auseinandersetzungen agiert? Abgucken ist hier unbedingt erlaubt!

Entdecken Sie Ihren Körper

Wenn Sie merken sollten, dass Sie diese Körperübungen nicht allein hinbekommen, weil Sie damit ganz unvertraut sind, ist das überhaupt nicht schlimm. Es gibt viele tolle Lehrer und Coaches, die sich damit sehr gut auskennen und mit den Techniken des Embodiment arbeiten – googeln Sie das einfach mal.

Es gibt viele Methoden, bei denen Sie Ihren Fokus ganz bewusst auf Ihren Körper legen.

Hilfreich sind aber auch alle anderen Methoden, bei denen Sie Ihren Fokus ganz bewusst auf Ihren Körper legen. Ich habe beispielsweise vor einiger Zeit Yoga für mich entdeckt. Das fand ich jahrelang total doof, weil ich mir in den Kursen wie der totale Loser vorkam – um mich herum nur schlanke Frauen in engen Klamotten, die sich problemlos verknoteten und minutenlang in Posen verharrten, die ich nicht mal für eine Sekunde einnehmen konnte. Dann lernte ich Walburga kennen, die so gar nicht wie die typische Yoga-Lehrerin aussieht – und was soll ich sagen?

Seit zwei Jahren trabe ich jede Woche zu ihr und nehme mit Freuden die Krieger- und andere Posen ein, und ich bin ganz sicher, dass das sehr viel zu meinem Wohlbefinden beiträgt und auch dazu, dass ich meinen Körper bewusster wahrnehme (und zwar nicht nur, weil ich noch heute nach den Stunden manchmal einen tierischen Muskelkater habe).

Wenn Sie Yoga doof finden oder vielleicht aus gesundheitlichen Gründen nicht ausüben können, sehen Sie sich nach anderen Techniken um. Im Qigong oder Tai-Chi sind die Bewegungen beispielweise sehr langsam und sorgen dafür, dass die Energie wieder durch den ganzen Körper fluten kann. Bei Feldenkrais-Kursen lernen Sie mittels winziger Bewegungen, wie die einzelnen Körperteile zusammenwirken. Ähnlich hilfreich ist die Alexander-Technik – hier geht es unter anderem darum, Fehlhaltungen und -bewegungen zu erkennen und gezielt zu korrigieren.

Wenn Ihnen diese langsamen Bewegungsabläufe so gar nicht liegen, probieren Sie es mal mit Kickboxen – ich kenne vor allem Frauen, denen es sehr geholfen hat, die Kraft, die in ihrem Körper steckt, auf diese Art und Weise zu entdecken.

Probieren Sie es mal mit Kickboxen – ich kenne vor allem Frauen, denen es sehr geholfen hat, ihre Kraft auf diese Weise zu entdecken.

Das ist natürlich nur eine kleine Auswahl an Möglichkeiten, wie Sie wieder mehr in Kontakt mit Ihrem Körper kommen können. Ganz wichtig: Es geht hier nicht um den sportlichen Aspekt und auch nicht ums Verbrennen von Kalorien, sondern darum, dass Sie etwas finden, bei dem Sie sich wohlfühlen, in Bewegung kommen und sich vor allem sehr bewusst auf Ihren Körper fokussieren.

DIE BODY2BRAIN-METHODE

Sehr verliebt bin ich in die kleinen Bücher von Dr. Claudia Croos-Müller. Es gibt mittlerweile eine ganze Reihe davon mit Soforthilfe-Übungen, die überall durchführbar sind und von einer Truppe sympathischer Bauernhoftiere erklärt werden. Sie nennt ihr Methode Body2Brain, was im Grunde genau das ist, was auch Amy Cuddy und Maja Storch in ihren Büchern und Vorträgen erklären. Ich mag das Format der Bücher sehr – klein und handlich kann man sie überall mithin nehmen, sie sind schnell zu lesen, verständlich und gut gemacht.

Ganz neu gibt es auch eine App zu den Büchern, in der Sie angeben können, für welche Situation Sie gerade eine passende, kleine Übung benötigen. Sie ist wirklich ganz wunderbar gemacht und zaubert mir schon bei der Auswahl ein Lächeln ins Gesicht.

Ein paar kleine Körperübungen

Ich habe Ihnen für den Start in Sachen Körper ein paar Übungen zusammengestellt, die ich aus den verschiedensten Büchern, Seminaren und Kursen zusammengetragen habe und als hilfreich empfinde vor, in oder nach herausfordernden Situationen.

Die 4-6-8-Atmung

Starten wir mit etwas Einfachem, das Sie immer dabeihaben: Ihre Atmung. Sie werden vielleicht gemerkt haben, dass Sie in Situationen, die für Sie aufregend sind, eher kurzatmig werden und die Atmung in erster Linie im Brustbereich landet. Bei mir spannt sich zusätzlich der Bauch und damit auch das Zwerchfell an. Das ist aus mehreren Gründen ziemlich ungünstig: Der Körper wird durch diese flache Atmung nicht gut mit Sauerstoff versorgt – das findet auch das Gehirn ziemlich doof und arbeitet nicht mehr optimal mit.

Gerade in einer Situation, in der Sie auf Ihr Hirn angewiesen sind, ist das irgendwie kontraproduktiv. Zudem puschen Sie sich dadurch immer mehr hoch und geraten in einen Teufelskreislauf, in dem Sie sich irgendwann auch nicht mehr klar äußern können – schließlich sind Sie in erster Linie mit Ihrer Atmung beschäftigt und damit, irgendwie wieder ausreichend Sauerstoff in Ihren Körper zu bekommen.

> Wenn der Bauch sich hebt und senkt und die Ausatmung länger als die Einatmung ist, ist die Atmung entspannt.

Wie kommen Sie da nun wieder raus? Indem Sie das Atmen üben. Ja, ich weiß, im Grunde können Sie das – nur leider ist Ihnen vermutlich wie den meisten Menschen im Lauf des Erwachsenwerdens die Bauchatmung abhandengekommen. Beobachten Sie mal kleine Kinder, wenn sie atmen – oder schlafende Menschen. Was sehen Sie? Genau: Der Bauch (und bei Babys sogar die Flanken!) hebt und senkt sich, meistens ist die Ausatmung länger als die Einatmung. So geht entspanntes Atmen! Und das können Sie auch – so geht's:

Stehen Sie entspannt und aufrecht, legen Sie eine Hand auf den Bauch, die andere lassen Sie hängen. Während Sie gezielt in den Bauch einatmen, zählen Sie bis vier, dann halten Sie die Luft an, zählen währenddessen bis sechs und atmen dann gaaanz langsam aus, während Sie bis acht zählen. Das wiederholen Sie ein paarmal. Achten Sie darauf, dass der Brustkorb sich möglichst wenig mitbewegt – die Atmung soll im Bauch landen. Für den Anfang reicht es auch, wenn Sie mit 2-4-6 anfangen und sich dann langsam steigern – wichtig ist vor allem, dass die Ausatmung länger ist als die Einatmung und Sie zwischen der Ein- und Ausatmung eine Pause einlegen.

Sie werden merken, dass diese Art der Atmung beruhigend wirkt – der Blutdruck sinkt wieder, der Bauch entspannt sich, und das Gehirn schaltet vom Panik- wieder in den Normalbetrieb. Üben Sie das ein paarmal am Tag – und setzen Sie die 4-6-8-Atmung vor allem vor oder nach aufreibenden Situationen ein. Wenn Sie mittendrin stecken, wird es schwierig mit dem Zählen – aber: Legen Sie dann einfach mal die Hand unauffällig auf den Bauch und versuchen Sie, zwischendurch Ihre Atmung dorthin zu lenken.

Ich liebe diese Übung, weil sie so einfach ist und einen so großen Effekt hat. Sie ist übrigens auch prima vor oder in Prüfungssituationen einsetzbar.

Recken und strecken

Das hört sich total banal an, aber mal ganz ehrlich: Wie oft am Tag strecken Sie sich richtig? Auch hier kann ich wieder nur empfehlen: Schauen Sie sich Kinder an. Die strecken sich morgens im Bett, in der Schule, wenn sie zu viel gesessen haben und abends, wenn sie müde sind. Dabei gähnen sie meistens auch noch nach Herzenslust. Daran nehmen Sie sich ab jetzt bitte ein Beispiel:

Wenn wir uns mal so richtig räkeln, sprich: so richtig langziehen, von den Zehen bis zu den Fingerspitzen, lockern wir unsere verspannten

Muskeln und sorgen für eine bessere Durchblutung des Körpers. Das macht uns fit und auch den Kopf wieder klarer. Die meisten Menschen müssen übrigens automatisch gähnen, wenn sie sich strecken – lassen Sie das zu! Gähnen sorgt für Entspannung. Und wenn Sie schon dabei sind, können Sie sich nach dem Strecken auch noch fix selbst umarmen – das ist gut für die Seele.

Lächeln

Ja, ich weiß, auch das klingt abgedroschen. Aber Sie wissen ja, ich habe keine spektakulären Zaubertricks für Sie, sondern setze auf die einfachen Dinge, die jeder kann – und ich habe die Erfahrung gemacht, dass genau das oft die besten Tipps sind. So ist das auch mit dem Lächeln. Sie kennen das Experiment mit dem Stift zwischen den Zähnen, wodurch bestimmte Gesichtsnerven stimuliert werden und dafür sorgen, dass das Gehirn den „Yeah-ich-bin-fröhlich"-Schalter umlegt und fleißig Endorphine, also Glückshormone, ausschüttet.

Aber nicht nur das: Lachen entspannt uns. Ein ausgiebiges Lachen macht sogar unser Gehirn leistungsfähiger, weil mehr Sauerstoff dorthin gelangt. Ganz nebenbei tun Sie auch Ihrer Umwelt etwas Gutes, denn Sie sorgen dafür, dass auch andere lächeln oder lachen. Es gibt auf Youtube ein herrliches Video aus der U-Bahn – alle sitzen griesgrämig rum, eine Frau fängt an zu lachen, kurze Zeit später kringelt sich der ganze Waggon. Herrlich!

Ein Lächeln kann Ihnen in schwierigen Situationen auch Verbündete verschaffen.

So ein Lächeln kann Ihnen in schwierigen Situationen auch Verbündete verschaffen. „Der kürzeste Weg zwischen zwei Menschen ist ein Lächeln" – so lautet ein chinesisches Sprichwort, und ich finde es sehr treffend. Also, nutzen Sie diese hochgezogenen Mundwinkel für sich – nach innen und nach außen!

Spannung wegschütteln

Ähnlich einfach wie das Recken, Strecken und Lächeln ist die Schüttelübung. Sie geht so: mehrmals die Arme anwinkeln und fallen lassen, danach die Hände in einer Abwärtsbewegung ausschütteln, dabei ruhig und gleichmäßig in den Bauch atmen. Achtung, falls Sie Ringe tragen, die nicht ganz stramm sitzen – mir ist mal mein Ehering quer durch den Seminarraum geflogen, weil ich zu schwungvoll geschüttelt habe.

Wenn Sie sich während der Übung zusätzlich vorstellen, dass Sie die Spannung aus sich herausschütteln, wird die Übung noch wirkungsvoller. Ich stelle mir immer vor, wie ich die Spannung in lilafarbenen Bögen aus mir herausschüttle und sie in den Boden fließt. Ganz nebenbei fördert diese Übung auch die Durchblutung der Hände, so dass Sie niemandem ein eiskaltes Händchen zur Begrüßung reichen müssen.

Was ich zu sagen habe, ist wichtig

Wie Sie inzwischen wissen, halte ich wenig von „Ich bin toll, stark und schön"-Sprüchen, und mit Mantras kann man mich jagen. Wenn das etwas für Sie ist: Prima – nutzen Sie es für sich! Nur von mir gibt's das nicht – also, fast nicht. Denn die eine oder andere Autosuggestion, also Selbstbeeinflussung, finde ich dann doch sehr gut. Eine, die auch mir schon weitergeholfen hat, habe ich im Workshop einer Stimmtrainerin kennengelernt. Ich kam mir am Anfang ziemlich albern dabei vor. Als ich aber gemerkt habe, hey, da tut sich echt was, war ich mit Feuereifer dabei.

Die Übung geht wie folgt: Überlegen Sie sich, wann Ihre Stimme fest ist – und in welchen Situationen sie brüchig oder leise wird. Meist ist es der innere Kritiker, der uns daran hindert, eine feste Stimme zu haben. Aber das, was Sie zu sagen haben, ist wichtig – und genau das sagen Sie jetzt mal, und zwar laut: „Ich stehe hier – und was ich zu sagen habe, ist wichtig." Dabei denken Sie an ein Thema, das Ihnen wirklich ist.

Beobachten Sie sich: Was passiert mit Ihnen? Wie stehen Sie? Was macht Ihre Stimme? Prägen Sie sich dieses Gefühl und diese Haltung gut ein – und wenn Sie in eine Situation kommen, in der Sie genau diese Haltung brauchen, sagen Sie innerlich (oder, wenn es geht, flüstern Sie es sich selbst zu): „Ich stehe hier – und was ich zu sagen habe, ist wichtig."

Den Frosch aus dem Hals vertreiben

Ich erinnere mich noch genau an eine Szene aus meiner Schulzeit: Unser wirklich schrecklicher Deutschlehrer hatte mal wieder meinen sehr schüchternen Mitschüler David am Wickel. Ich habe mich damals recht wenig um meine Noten geschert, war in einer echten Gerechtigkeitsphase und habe alle und jeden gegen alles und jeden verteidigt. Und auch diesmal wollte ich wieder für den armen Kerl eintreten – und dann passierte das: „Herr, krächz, hust, äh, Herr, hust, hust, räusper ..." Und nichts war's mit dem glorreichen Auftritt der selbsternannten Jeanne d'Arc. Da hatte sich doch glatt so ein blöder Frosch in meinem Hals versteckt und mir die ganze Angelegenheit gründlich vermasselt. Hätte ich mal damals schon die gute „Pleuelübung" gekannt, wäre mir das nicht passiert.

Die Übung ist allerdings eher eine vorbeugende – außer Sie möchten Ihr Gegenüber mithilfe Ihres Zungenbelags in die Flucht schlagen. Wenn Sie aber schon wissen, dass Sie zu einer erhöhten Froschpopulation in stressigen Situationen neigen, dann können Sie diese Übung wunderbar vorbeugend machen. Sie geht so:

Sie klemmen Ihre Zungenspitze an die Innenseite der unteren Schneidezähne – richtig schön dagegendrücken. Wenn Sie das tun, wölbt sich Ihre Zunge automatisch nach vorne. Vermutlich zieht das in Ihrer Zungenmuskulatur ordentlich (bei mir ist das jedenfalls so). Dehnen Sie Ihre Zungenmuskulatur auf diese Weise für ein paar Sekunden – nicht übertreiben! Dann die Zunge ganz locker im Gaumen ablegen und nachspüren. Ganz nebenbei dehnen Sie mit dieser Übung übrigens auch Ihre gesamte Rachenmuskulatur und sorgen dafür, dass Ihre Stimme besser klingt.

Einen inneren Begleiter suchen

Zugegeben – das ist keine Körperübung. Aber ich wollte sie unbedingt in diesem Buch unterbringen, weil ich sie so toll und hilfreich finde. Um sie zu erklären, machen wir noch mal eine ganz kurze Reise in meine Schulzeit: Ich hatte einen Biologielehrer, der bei Referaten gern hinten im Raum stand, verkniffen guckte und den Kopf schüttelte. Total motivierend, wie Sie sich vorstellen können. Diesen tollen Lehrer hatte ich auch nach meinem Abitur viele Jahre dabei, in meinem Kopf. Er begleitete mich bei Referaten während meines Studiums und war auch gern in anderen Situationen mit an Bord, in denen ich sehr aufgeregt war – bis ich ihn im Rahmen einer Therapie, die mich von meiner Prüfungsangst befreien sollte, loswurde. Meine Therapeutin bat mich, den Lehrer auf ein Blatt Papier zu zeichnen, das Papier in kleine Schnipsel zu reißen und dann die Schnipsel zu verbrennen.

Ich weiß, das klingt ein bisschen fies und nach Teufelsaustreibung – mir hat das aber sehr geholfen, diesen miesen Begleiter aus meinen Gehirnwindungen zu vertreiben. Manchmal reicht es eben nicht, sich nur vorzustellen, wie man jemanden aus dem Kopf wirft – ich musste das sehen. Schritt zwei war: einen neuen inneren Begleiter suchen, einen, der hilfreich ist und mich unterstützt. Praktischerweise sind bei der anschließenden Hypnose-Übung vor meinem inneren Auge gleich zwei von dieser Sorte erschienen: zum einen ein riesenhafter roter Kater (kein Scherz!), zum anderen die Schauspielerin Judi Dench in ihrer Rolle als „M“. Meine Therapeutin und ich haben herzlich gelacht über diese Kombination, die sich mir so erklärt:

Katzen haben die große Gabe, von einer Sekunde auf die andere vom Tiefschlafmodus in den „Ich-bin-total-wach-und-auf-alles-gefasst“-Modus wechseln zu können und umgekehrt. Das bewundere ich sehr – vor allem die Richtung, in der es aus der Anspannung raus in die Entspannung geht. Ich kann total gut schnell angespannt sein, brauche aber ewig, um nach einer stressigen Situation wieder runterzufahren – dabei hilft mir jetzt der dicke rote Kater, indem er sich quasi virtuell auf meinem Schoss zusammenrollt und für innere Ruhe bei mir sorgt.

Judi Dench liebe ich als Schauspielerin sehr. Ich habe keine Ahnung, wie sie privat ist – das kann mir aber auch egal sein, denn sie wohnt ja nur in meinem Kopf. Und dort ist sie, wie in den meisten ihrer Rollen, gewitzt und schlau und lässt sich von niemandem die Butter vom Brot nehmen. Sie rufe ich mir immer ins Gedächtnis, wenn ich weiß: „Uff, jetzt wird's gleich heftig." Dann tätschelt sie mir die Hand, lächelt mich an und sagt: „Ich bin bei dir. Dir kann nichts passieren. Auf geht's!" Eine Vorstellung, die mich einerseits ein wenig grinsen lässt, mir aber auch einfach total viel Kraft gibt.

Egal, was für eine Vorstellung Sie wählen, die Hauptsache ist, dass sie Ihnen viel Kraft gibt.

Wenn Sie finden, dass sich das ein bisschen bescheuert anhört, stimme ich Ihnen zu – aber es hilft mir. Also, warum nicht? Wenn das nichts für Sie ist, dann ist das völlig okay. Aber vielleicht taucht ja auch vor Ihrem inneren Auge eine Figur, ein Tier, ein Freund auf, den Sie ab jetzt an Ihre Seite rufen können, damit er Ihnen Mut zuspricht. Ich hatte beispielsweise mal eine Workshop-Teilnehmerin, die seitdem von ihrer verstorbenen Oma begleitet wird, denn diese hat immer gesagt: „Alles wird gut!" Eine ganz wunderbare Vorstellung, finden Sie nicht?

Ein paar Worte zum Thema Meditation

Wir haben uns nun viel mit der Verbindung von Körper und Geist beschäftigt – da darf das Thema Meditation nicht fehlen. Ich will es hier nur ganz kurz anreißen, denn es gibt mittlerweile Hunderte von

Büchern, Hörbüchern, Apps und Kursen zum Thema, aber ehe Sie gleich die Augen verdrehen und sagen: „Nee, das ist nichts für mich“, will ich Sie bitten: Probieren Sie verschiedene Arten der Meditation aus, bis Sie eine passende gefunden haben.

Ich habe Meditation genauso wie Yoga lange für mich ausgeschlossen. Die Vorstellung, eine halbe Stunde im Schneidersitz auf einem Kissen zu hocken, wahlweise „Ommmmm ...“ zu summen oder gar an nichts zu denken, war ausgesprochen gruselig für mich. Also habe ich es gelassen – obwohl ich im Kopf wusste, wie hilfreich regelmäßige Meditation ist. Sie führt beispielsweise zu mehr Gelassenheit und innerer Ruhe, steigert die Konzentrationsfähigkeit und reduziert die typischen Stressreaktionen – und das ist nur eine kleine Auswahl der positiven Effekte. Alles Punkte, die Sie ausgesprochen gut brauchen können, um aus der Nettigkeitsfalle aussteigen zu können. Also: Schauen Sie sich um, testen Sie verschiedene Meditationslehrer (es gibt auch sehr günstige Kurse, beispielsweise bei der Volkshochschule), leihen Sie sich Meditations-CDs von Freunden und probieren Sie die verschiedenen Apps aus, die es mittlerweile zuhauf gibt.

Testen Sie verschiedene Meditationslehrer, leihen Sie sich Meditations-CDs von Freunden und probieren Sie verschiedene Apps.

Ich persönlich bin bei „Balloon“ hängen geblieben, einer App, die von einem Diplom-Psychologen und Neurowissenschaftler entwickelt wurde. Sie kostet ein bisschen was, aber meine Erfahrung hat gezeigt, dass die Umsonst-Apps meist nichts taugen. Außerdem mag ich die verschiedenen Stimmen, die die Meditationen anleiten. Deswegen nehme ich mir jeden Tag etwa 20 Minuten Zeit, suche mir ein schönes Fleckchen, packe mir die Kopfhörer in die Ohren und folge den freundlichen Anweisungen der App. Vielleicht ist das ja auch was für Sie? Ich würde mich freuen, wenn Sie sich daran versuchen.

Kleine Hilfsmittel für alle Sinne

Die Natur hat uns mit allerlei Sinnen ausgestattet, die Sie, genauso wie Ihren Körper und Ihre Sprache, so stimulieren können, dass es sich positiv auf Ihre Stimmung auswirkt und Sie gestärkt Ihre Meinung äußern können. Nein, ich rede hier nicht von lustigen rosa Pillen oder merkwürdig geformten Zigaretten, sondern von ganz legalen Hilfsmitteln. Hier gilt das Gleiche wie bei den Körperübungen – es folgt eine rein subjektive Auswahl. Es ist ganz Ihnen überlassen, was Sie für sich als sinnvoll erachten. Vielleicht finden Sie auch noch andere Möglichkeiten, die zu Ihnen passen.

Für die Augen

Ich bin zwar in vielen Bereichen ein großer Fan des Digitalen – beim Kalender stehe ich aber auf die gute, alte Papierform. Vor einiger Zeit habe ich mir einen „Roten Faden" gegönnt. Das ist eine handgemachte Hülle mit Einsteckfächern und Klammern, die bei mir den Kalender und zwei Notizbücher festhalten. Eins der Notizbücher nutze ich als eine Art Tagebuch, wobei ich da nicht sehr konsequent bin. Aber wenn ich mal eine ruhige Minute habe, landen darin schöne Momente, schlaue Sprüche und Ideen für die Zukunft.

Aber nicht nur das: Ich habe immer ein paar Postkarten und Fotos im vorderen Einsteckfach, die ich in schwachen Momenten rausziehe und ansehe. Unter anderem steckt dort eine handgeschriebene Karte einer sehr lieben Freundin, auf der steht: „Wenn du immer auf Hochtouren lebst, dann kannst du keinen Gang hochschalten, wenn es notwendig ist. Gut ist gut genug." All das erinnert mich immer daran, dass ich eine tolle Frau bin und nach meinen Bedürfnissen leben darf. Der Inhalt wechselt immer mal wieder – je nach Lebenslage.

In meinen Seminaren habe ich oft einen ganzen Schwung Fotos dabei – auf DIN A5 ausgedruckt und mit den unterschiedlichsten Motiven. Ich fordere die Teilnehmer dann auf, sich die Bilder mit einer bestimmten Fragestellung im Kopf anzusehen, beispielsweise: „Was brauchen Sie, um gelassen jemandem gegenübertreten und ihm Ihre Meinung sagen zu können?“

Eines der meistgewählten Motive ist das Meer (deswegen habe ich davon immer extra viele dabei), weil der Anblick beruhigt und den Blick weitet. Bilder wirken ganz hervorragend auf unser Unterbewusstsein – oft sehr viel besser als Worte. Probieren Sie es mal aus: Die meisten Buchhandlungen oder Papeterien haben mittlerweile eine großartige Auswahl an tollen Postkarten. Überlegen Sie sich eine Fragestellung, und dann ran an den Speck! Ich bin sicher, Sie werden das eine oder andere Motiv finden, das Sie anspricht – und wahlweise beruhigt, stärkt, Ihre Gelassenheit fördert oder Ähnliches.

Für die Hände

Ich hatte mal eine Klientin, die in den Sitzungen immer eine Hand in der Hosen- oder Jackentasche hatte. Nach ein paar Sitzungen fragte ich sie, warum sie das tue. Mit einem leicht verschämten Lächeln zog sie die Hand aus der Tasche und zeigte mir einen ziemlich abgegrabbelten Marienkäfer aus Holz. Sie erklärte mir, dass sie ihn von ihrer Tochter geschenkt bekommen habe und es als sehr beruhigend empfinde, ihn in der Hand zu halten und zu streicheln, sich aber gleichzeitig für dieses aus ihrer Sicht kindische Verhalten ein wenig schäme. Wir haben geklärt, dass es keinerlei Grund für Scham gibt und der Marienkäfer sich aufhalten darf, wo er möchte – von da an lag er auf dem Tisch, und meine Klientin nahm ihn immer dann in die Hand, wenn sie seine Unterstützung brauchte, weil wir an einem kritischen Punkt angekommen waren.

Nutzen Sie Handschmeichler aus allen möglichen Materialien und Bälle, die man nach Belieben quetschen kann.

Nicht umsonst gibt es Handschmeichler aus allen möglichen Materialien und Bälle, die man nach Belieben quetschen kann. Oft tut es uns einfach auch gut, dass wir uns an etwas festhalten können, weil wir gerade dabei sind, die Fassung zu verlieren, oder dass wir unsere Wut an einem Ball auslassen können, statt unserem Gegenüber den Tacker an den Kopf zu werfen.

Wenn Sie beim Lesen also merken: Oh ja, das wäre wohl auch was für mich, dann schauen Sie sich nach einem passenden Gegenstand um. Vielleicht ist es ein Stein, ein Stück glatt geschmirgeltes Holz, eine Murmel oder etwas ganz anderes. Ich habe zum Beispiel in einer für mich sehr anstrengenden Zeit von einer Freundin ein ganz tolles Tuch zum Geburtstag geschenkt bekommen, das sie mir mit den Worten „Da ist ganz viel Gelassenheit eingewoben!“ überreicht hat. Das trug ich immer dann, wenn ich wusste: Heute wird's wieder anstrengend. Und immer, wenn ich gemerkt habe, dass meine Emotionen gerade überkochen, griff ich nach dem Tuch, konzentrierte mich kurz auf meine Atmung, und schon ging es mir ein klein wenig besser. Mir vermittelt dieses Tuch ganz viel Geborgenheit. Das gilt auch für ein bestimmtes Paar Ohrringe, die mir mein Mann geschenkt hat. Es gibt Tage, da ist völlig klar: Die müssen es sein, denn ich möchte heute viel Basti (so heißt er) dabeihaben.

Einen wunderbaren Tipp habe ich mal von einer Teilnehmerin in einem meiner Präsentationskurse bekommen. Wenn Sie etwas zum Festhalten brauchen, was Ihr Gegenüber nicht sehen soll, nehmen Sie eine kleine Büroklammer zwischen Daumen und Zeigefinger. Ich habe es ausprobiert – das kleine Ding ist wirklich kaum zu sehen, und da Ihr Gegenüber sich sowieso auf Sie konzentriert, weil Sie ihm beispielsweise gerade sagen, dass Sie nicht mehr bereit sind, seine Arbeit zu machen, wird er die kleine Büroklammer gar nicht wahrnehmen.

Für die Nase

Kennen Sie das? Sie nehmen einen bestimmten Geruch wahr – und es geht Ihnen innerhalb von Sekunden besser, weil Sie sich beispielsweise an eine schöne Begebenheit in Ihrer Kindheit erinnern, die unmittelbar mit diesem Geruch verknüpft ist. Bei mir ist es die Kombination aus Kuhmist, abgelagertem Holz und Wiese – zack, bin ich wieder auf unserer Hütte in den Bergen. Wenn ich jedoch ein bestimmtes Parfum rieche (leicht süßlich, so ein bisschen wie überreifes Obst), fühle ich mich automatisch unwohl, denn ein solches Parfum hat meine ehemalige Sitznachbarin, die immer ausgesprochen garstig zu allen Menschen um sie herum war, immer reichlich aufgetragen.

Mit den passenden Düften können wir unsere Stimmung ganz wunderbar beeinflussen.

Woran liegt es, dass wir so stark auf Gerüche reagieren? Unser Geruchssinn hat – wie übrigens der Geschmackssinn auch – einen direkten Draht in unser Gehirn. Zack, sind die Duftstoffe genau dort gelandet, wo unsere Gefühle gesteuert werden. Das heißt vereinfacht gesagt: Mit den passenden Düften können wir unsere Stimmung ganz wunderbar beeinflussen. Natürlich hat auch das Grenzen – ich empfinde Düfte aber als ausgesprochen gute Unterstützung in bestimmten Situationen und habe deswegen immer eine kleine Auswahl ätherischer Öle bei mir: Lavendel für mehr Gelassenheit, Bergamotte für eine positive Stimmung und Pfefferminze für mehr Klarheit (und gegen Kopfschmerzen).

Bei Bedarf gebe ich ein paar Tropfen auf ein Taschentuch und nehme einige tiefe Atemzüge. Seit Neuestem habe ich auch ein Duftarmband, das ich je nach Bedarf beträufeln kann – an dem schnuppere ich regelmäßig, was den schönen Nebeneffekt hat, dass ich ganz schnell in der Bauchatmung lande. Meine Duftlampe habe ich wieder abgeschafft, denn zum einen ist umstritten, ob es den Duftstoffen guttut, erhitzt zu werden, zum anderen vergesse ich die Duftlampe gerne mal, und ich kann Ihnen sagen: Das beste ätherische Öl stinkt wie Hölle, wenn es verbrutzelt ist ...

Sollten Sie genauso gut auf Düfte ansprechen wie ich, beachten Sie bitte unbedingt: Kaufen Sie keine Billig-Öle, sondern ausschließlich 100 Prozent naturreine ätherische Öle. Lassen Sie die Finger von allem, auf dem so etwas wie „naturidentisch“ oder einfach nur „ätherisches Öl“ oder „Aromaöl“ steht – das sind billig nachgebaute Geruchsstoffe, die nichts können außer nach irgendetwas zu riechen und Ihnen im schlimmsten Fall sogar schaden. Denn das, was in Ihrem Gehirn wirkt, sind die feinen Inhaltsstoffe der Öle, die wir über die Nase aufnehmen oder auch über die Haut, und diese Wirkung kann nicht künstlich erzeugt werden.

Ich persönlich mag die Produkte von Primavera, von dieser Firma ist auch mein Duftarmband. Sie bekommen die Öle in fast allen Bioläden, in Naturkosmetikshops oder auch in größeren Drogerien und natürlich online. Es gibt auch tolle Mischungen, die Sie als Spray erwerben können. Ich gebe morgens gern ein paar Sprühstöße in meine Büroluft – und innerhalb von Sekunden hängen alle Kolleginnen bei mir rum, „weil's so gut riecht bei dir“.

Für die Körperanwendung empfehle ich die Körperöle von Lichterde – sie riechen wirklich fantastisch, und auf die Herstellung kann man sich verlassen. Aber es gibt natürlich noch viele andere gute Hersteller solcher Öle. Schnuppern Sie sich mal durch das Angebot, schauen Sie, was Sie anspricht, und nutzen Sie Ihr Riechorgan als zusätzliche Unterstützung in schwierigen Situationen. Das Tolle ist: Einmal geschnuppert, hält die Wirkung eine ganze Weile an. Sie können also präventiv am Lavendel oder der Bergamotte schnuppern, wenn Sie die doofe Nachbarin aus der Ferne sehen – und sind dann gestärkt für die Auseinandersetzung.

Für das Körpergefühl

Kleider machen Leute. Ja, ich weiß – das hört sich erst mal schrecklich oberflächlich an. Gleichwohl sind wir nun mal so gestrickt, dass wir unser Gegenüber je nach Kleidungsstil erst mal in eine Schublade stecken. Kleidung wirkt aber nicht nur nach außen, sie wirkt auch nach innen. Ich gebe Ihnen ein Beispiel:

Kleidung wirkt nicht nur nach außen, sie wirkt auch nach innen.

Eine Freundin von mir hatte über viele Jahre eine Beziehung mit einem Mann, dessen Mutter, nun ja, sagen wir mal, schwierig war. Nun hat sie diesen Mann eben so sehr geliebt, dass sie bereit war, auch seine Mutter mit all ihren Marotten auszuhalten – und zwar einmal im Monat beim gemeinsamen Mittagessen. Dafür hat sie sich jedes Mal ihr, wie sie es liebevoll nannte, „Schwiegermonster-Outfit" angezogen. Es bestand aus einer verdammt gut sitzenden Jeans, einer farbigen Bluse (und wenn ich farbig sage, meine ich wirklich farbig. Ich erinnere mich an ein Kreismuster mit Türkis und Pink – das Ding hat geknallt!), und je nach Jahreszeit gab es dazu Stiefel oder High Heels. Dazu ein halbwegs dezentes Make-up, die Haare schön geföhnt und eine vertretbare Portion ihres Lieblingsduftes.

Auf die Frage, warum es jedes Mal (ungelogen!) dieses Outfit sein musste, erklärte sie mir:

> ***„Ich habe mich in dem Outfit immer wohlgefühlt. Das war für mich eine Art Schutzpanzer, denn meine Schwiegermutter war manchmal echt garstig. Aber an den Klamotten ist das einfach abgeprallt – bisschen wie bei Superwoman. Außerdem hat die Jeans eine super Figur gemacht, und die Farben der Bluse habe ich wirklich geliebt. Beides hat sich auch gut angefühlt auf der Haut. Für mich war es in dieser Zeit ganz wichtig, sehr gepflegt zu diesen Treffen zu gehen – das hat mich irgendwie unangreifbar gemacht. Außerdem fand meine damalige Schwiegermutter Farben echt schlimm – die hat sich immer nur in schwarz und weiß gekleidet. Da musste ich doch was gegensetzen."***

Also: Ab zum Kleiderschrank! Überlegen Sie mal, welche Kleidungsstücke Ihnen so ein Superwoman-Gefühl verschaffen könnten. Das muss nicht unbedingt etwas Schickes sein – ich fühle mich beispielsweise in Hosenanzügen wie Falschgeld und dann sehe ich auch so aus. Je nach Stimmung zieht es mich manchmal zu den eher locker sitzenden Klamotten, an manchen Tagen mag ich es aber auch eng und knackig.

Und natürlich greife ich auch mal daneben: Das ist an 08/15-Tagen, an denen nichts Aufregendes passiert, kein Ding. Wenn ich aber weiß, heute steht etwas Wichtiges an, weil ich beispielsweise einer Freundin endlich sagen werde, dass das mit unserer Freundschaft so nicht mehr funktioniert, ziehe ich mich lieber dreimal um, ehe ich in Klamotten vor ihr stehe, in denen ich mich nicht wohlfühle.

DU BIST, WIE DU SPRICHST – WAS SPRACHE AUSMACHT

Im vergangenen Kapitel haben wir uns mit der Rolle des Körpers beschäftigt. Sie haben gelernt, dass Körper und Geist eine Einheit bilden und wie Sie diese Einheit durch Haltungs- und Verhaltensänderungen positiv beeinflussen können. Nun geht es weiter zu einer Disziplin, von der wir alle glauben, dass wir sie beherrschen: das Sprechen.

Warum das gar nicht so einfach ist mit der Sprache

Klar – sprechen können die meisten von uns. Schließlich tun wir das seit Kindertagen. Was gibt es da noch zu lernen? Das dachte ich früher auch – und dann bin ich in den Büchern von Mechthild R. von Scheurl-Defersdorf versunken. Ja, sie heißt wirklich so – und sie ist großartig. Kennengelernt habe ich ihre Bücher über Sabine Dinkel, die auch das Vorwort zu diesem Buch geschrieben hat. Von Sabine sind bisher zwei Bücher im humboldt Verlag erschienen, das eine trägt den Titel „Krebs ist, wenn man trotzdem lacht“.

Hier schildert sie eindrucksvoll, wie sie trotz Schnieptröte ihr Leben wertvoll gestaltet. Schnieptröte? Was soll das denn sein? So nennt Sabine ihren Krebs. Und ganz ehrlich: Das klingt doch schon wesentlich weniger furchteinflößend, oder? Sie beschreibt in ihrem Buch unter anderem, wie direkt und oft negativ die Sprache im Bezug auf Krebs-, oh, halt, auf Schnieptrötenerkrankungen ist – und empfiehlt eine Wortkosmetik. So nennt sie ihre Angst beispielsweise Hildegard oder auch Hildi, die Chemotherapie wird zur Schorle und die Bluttransfusion zum Beutelsteak.

Merken Sie was? Klingt alles gleich gar nicht mehr so gruselig – wobei ich nicht sagen will, dass eine solche Erkrankung leicht zu meistern ist. Aber man kann sich die Sache eben mit den richtigen Worten etwas erleichtern. Dazu möchte ich Sie auch animieren und Sie mit einigen Punkten der Lingva Eterna, dem Sprach- und Kommunikationskonzept von Mechthild R. von Scheurl-Defersdorf, vertraut machen – verbunden mit der Empfehlung, sich ihre Bücher und Karten (ach, die sind auch so großartig!) einmal genauer anzusehen. Ich verspreche Ihnen: Das ist gut investiertes Geld!

Vorbereitet sein

> *„Bewusstes Sprechen entschleunigt das Denken, das Handeln und schließlich den Menschen als Ganzes. Denken, Handeln und Fühlen gehören zusammen. Sie sind nicht voneinander zu trennen. Und wenn es doch geschieht und sie auseinandergefallen sind, dann steht jemand ganz wörtlich neben sich und ist neben der Kappe: Er muss sich dann im besten Sinn des Wortes wieder zusammennehmen. Die Sprache kann ihm dabei helfen."*
>
> (Mechthild R. von Scheurl-Defersdorf)

Ich habe vor einiger Zeit mal ein Medientraining absolviert. Beruflich bin ich unter anderem als Pressesprecherin unterwegs, da macht es Sinn, wenn man drei gerade Sätze in eine Kamera sprechen kann. Ich kam also frohen Mutes, aber auch etwas aufgeregt im Seminar an – und merkte ganz schnell, dass mir in Extremsituationen doch mal die Worte fehlen. Mir! Was war passiert? Ich sollte meinen Verlag, für den ich damals arbeitete, kurz vorstellen. Das hatte ich schon viele Mal auf Messen, bei Pressegesprächen oder auch im Freundeskreis gemacht – aber als Kamera und Scheinwerfer auf mich gerichtet waren, war's um mich geschehen. Ich stotterte vor mich hin, konnte keine vollständigen Sätze mehr bilden und war nicht in der Lage, das, was ich einmal gesagt hatte, in genau der gleichen Weise noch einmal zu wiederholen. Ich bin also auseinandergefallen.

Ja klar – war ja auch eine Extremsituation, mit der Kamera und so, mögen Sie vielleicht jetzt sagen. Nun ist es aber so, dass auch eine Konfliktsituation eine Extremsituation sein kann, wenn Sie endlich mal Klartext reden möchten mit der ungeliebten Kollegin, dem nervigen Schwiegervater, der anstrengenden Nachbarin. Schwupps, stottern Sie genauso vor sich hin wie ich damals vor der Kamera. Das wirkt leider alles andere als souverän – und am Ende fühlen Sie sich wie ein dummes kleines Mädchen oder ein dummer kleiner Junge … Wie hätte ich dieses Gestottere verhindern können? Aus heutiger Sicht kann ich sagen: indem ich mich besser vorbereitet hätte. Und zwar nicht nur inhaltlich, sondern auch im Umgang mit meiner Sprache an sich.

Was bedeutet das für Sie in Bezug auf zukünftige Situationen, in denen Sie sich klar äußern möchten? Zum einen überlegen Sie sich, was Sie Ihrem Gegenüber sagen wollen, sprich: Welche Inhalte wollen Sie vermitteln? Zum anderen (und das ist die Seite, die wir oft vernachlässigen) denken Sie darüber nach, wie Sie diese Inhalte vermitteln wollen, sprich: Was wollen Sie wie sagen? Welche Worte möchten Sie wählen, welche gerne vermeiden? Wie können Sie etwas so ausdrücken, dass Ihr Gegenüber Sie klar und deutlich wahrnimmt?

Überlegen Sie sich, was Sie Ihrem Gegenüber sagen wollen.

Auch hier gilt wieder: Eile mit Weile! Wie bei allem, braucht auch das Übung. Sie haben Ihren Sprachgebrauch über viele Jahre einstudiert, und genauso wie die Körperhaltung muss auch ein neuer Sprachgebrauch erst mal im Gehirn verankert werden.

Bleiben Sie Sie selbst!

Ganz wichtig ist auch hier: Es geht nicht darum, dass Sie sich etwas antrainieren, was nicht zu Ihnen passt. Ähnlich wie bei der Körpersprache muss auch Ihre Sprache zu Ihnen passen, damit Sie authentisch bleiben. Ich halte es nur für bedingt sinnvoll, Schlagfertigkeit beispielsweise anhand vorgefertigter Antworten zu lernen, auch wenn es sicherlich hilft, sich Anregungen zu holen oder sich an Vorbildern zu orientieren. Auch ein Rollenwechsel, wie er beispielsweise beim Theater oder auch Impro-Theater vollzogen wird, ist hilfreich, weil wir damit die Perspektive wechseln und ausprobieren können, wie es sich anfühlt, anders als gewohnt zu handeln.

> Wie bei der Körpersprache muss auch Ihre Sprache zu Ihnen passen, damit Sie authentisch bleiben.

Dennoch hilft es auf Dauer wenig, wenn Sie immer nur eine Rolle spielen – und nicht nur das: Es ist auch fürchterlich anstrengend. Das Ziel muss immer sein, dass Sie für sich herausfinden: Welche Sprache, welche Worte, welcher Satzbau passen zu Ihnen? Was ist für Sie nützlich – und womit kommen Sie gar nicht klar? Sollten Sie auf Hürden stoßen, nehmen Sie sie erst mal einfach wahr und überlegen Sie sich in Ruhe, was Ihnen diese Hürde sagen will: Sind es die kleinen Wächter an der Grenze zu Ihrer Wachstumszone, die Ihnen irgendwelchen Blödsinn einflüstern, oder sind Sie gerade ganz weit weg von sich selbst?

Ich nehme als Beispiel mal jemanden, der völlig anders ist als ich: meine eher introvertierte Freundin Birte. Bei den Treffen meines Frauennetzwerks sagt sie meistens nicht viel, aber wenn sie etwas sagt, dann sitzt es. Würde Birte nun versuchen, zu einer extrovertierten, lauten Person zu werden, würde sie sich dabei vermutlich ganz schön unwohl fühlen – und wir anderen würden uns fragen, ob alles okay ist mit ihr. Birte hat für sich einen Weg gefunden, auch leise zu überzeugen – und genau das passt eben auch zu ihr. Also bitte:

Lernen Sie nichts auswendig, sondern analysieren Sie erst einmal Ihre eigene Sprache und überlegen Sie dann, an welchem Rädchen Sie drehen können, um Ihren Worten mehr Nachdruck zu verleihen, sich selbstbewusster zu artikulieren und dafür zu sorgen, dass Sie am Ende nicht immer der Doofe sind.

Entrümpeln Sie Ihre Sprache

Viele von uns haben eine völlig zugemüllte Sprache. Wir sind wie Messies, die alles Mögliche anhäufen und uns von liebgewonnenen Worten und Formulierungen nicht trennen können, weil wir glauben, dass sie nützlich für uns sind. Das Ergebnis ist eine Sprache, die verhindert, dass wir das, was wir wollen, frei äußern können. So sehr Sprache uns bei vielem helfen kann, so sehr kann sie uns eben auch einengen. Ich nehme mich da übrigens gar nicht aus – was meinen Sie, wie viele Füllwörter meine Lektorin aus meinem Manuskript eliminieren musste, damit meine Inhalte auch klar und deutlich bei Ihnen ankommen!

> Oft können wir uns von liebgewonnenen Worten und Formulierungen nicht trennen, weil wir glauben, dass sie nützlich für uns sind.

Warum tun wir das? Zum einen, weil wir es so gelernt haben. Bereits von Kindesbeinen an wurde vielen von uns beigebracht, uns höflich auszudrücken – statt „Ich will" sollen wir „Ich hätte gerne" sagen, statt „Ich kann dieses und jenes sehr gut" sollen wir Zurückhaltung üben und werden darauf hingewiesen, was wir alles nicht können.

Sprachliche Formulierungen wirken ähnlich lange nach wie Glaubenssätze – und offenbaren sehr viel über uns! Es gibt uralte Muster, bestimmte Wortfamilien oder auch Sprichworte, die über Generationen weitergegeben werden und entsprechend wirken. Doch das will ich hier gar nicht alles aufdröseln – sondern Sie auf Mechthild R. von Scheurl-Defersdorfs Bücher und Seminare verweisen. Ich werde

Ihnen hier nur die aus meiner Sicht wichtigsten Punkte herausgreifen, die Ihnen helfen werden, aus der Nettigkeitsfalle auszusteigen. Wie immer gilt: Das ist ein bunter Blumenstrauß an Möglichkeiten – Sie bestimmen, an welcher Blume Sie zuerst schnuppern!

Schritt 1: Checken Sie Ihren Wortschatz

Alles, was Sie sagen, hat eine Wirkung – auf Ihre Gesprächspartner genauso wie auf Sie. Ziel dieses Buches ist unter anderem, dass Sie lernen, wie Ihr Gegenüber Sie ernst nimmt und wie es Ihnen gelingt, dass Sie sich und Ihre Anliegen durchsetzen und sich nicht mehr unterbuttern lassen.

Im ersten Schritt geht es darum, dass Sie Ihren Wortschatz einer genaueren Prüfung unterziehen. Es gibt so viele Worte, die wir unbewusst und teilweise sehr oft nutzen und die uns einfach überhaupt nicht guttun!

Fangen wir mal mit dem schönen Wörtchen „eigentlich“ an. Viele von uns leben im Eigentlich-Land – achten Sie mal bei sich und auch anderen darauf, wie inflationär dieses kleine Wörtchen genutzt wird. Ich habe Ihnen ein paar Beispiele mitgebracht:

„Eigentlich würde ich jetzt gern Feierabend machen.“
„Eigentlich möchte ich nicht, dass Sie in den ersten Stock gehen.“
„Eigentlich möchte ich den letzten Keks noch haben.“
„Eigentlich ist das nicht meine Aufgabe.“
„Eigentlich möchte ich mich nicht unterkriegen lassen.“

Na, erwischt? Wie oft entflutscht Ihren Lippen dieses fiese kleine Wörtchen? Säßen Sie in einem meiner Workshops in einem Rollenspiel, würde ich Sie fragen: „Na, was nun? Wollen Sie Feierabend machen oder nicht? Wollen Sie den letzten Keks oder nicht? Ist das Ihre Aufgabe oder nicht? Darf ich nun in den ersten Stock gehen oder nicht?“ Dieses hinterhältige kleine Eigentlich stellt Ihre ganze Aussage in Frage und lässt dem Gegenüber die Wahl! Nehmen wir das Wort aus den Beispielen doch mal raus:

„Ich möchte jetzt gern Feierabend machen.“
„Ich möchte nicht, dass Sie in den ersten Stock gehen.“
„Ich möchte den letzten Keks haben.“
„Das ist nicht meine Aufgabe.“
„Ich möchte ich mich nicht unterkriegen lassen.“

Lesen Sie beide Varianten laut vor – und lassen Sie den Unterschied auf sich wirken. Da steckt schon mehr Klarheit drin, oder? Aber das geht noch besser:

„Ich mache jetzt Feierabend.“
„Ich verbiete Ihnen, in den ersten Stock zu gehen.“
„Ich will den letzten Keks essen.“
„Das ist die Aufgabe von Frau XY.“
„Ich werde selbstbewusst handeln.“

Lesen Sie auch diese Varianten mal laut vor, gerne mehrfach. Was ist an diesen Varianten anders? Ich habe das Wort „möchte“ gestrichen. „Möchte“ kommt von „mögen“ und suggeriert dem Gegenüber und auch Ihnen selbst so etwas wie „Das mag ja sein“. Außerdem ist es eine Konjunktivform, also die Möglichkeitsform. Alles in allem also eine recht schwache Nummer, dieses „möchte“. Ich weiß – da kommt wieder unsere gute Erziehung dazwischen und wedelt mit dem Zeigefinger.

Ich erinnere noch sehr gut, dass wir im Französisch-Unterricht niemals „Je veux“ (also „Ich will“) sagen durften, sondern immer nur „Je voudrais“ („Ich hätte gerne“). Es geht mir auch nicht darum, dass Sie im Café nicht mehr „Ich möchte einen Kaffee“ sagen dürfen, sondern darum, dass Sie sich in Ihrer Sprache nicht selbst schwächen. Wer die ganze Zeit im Konjunktiv spricht, wirft eine sprachliche

Valiumtablette nach der anderen ein. Also: Weg damit! Gern können Sie es bei passender Gelegenheit durch das Wort „wollen" ersetzen – und damit Sie nicht unhöflich erscheinen, etwas hinzufügen, beispielsweise:

„Ich will den letzten Keks essen. Ist das okay für dich?"

Zusammen mit „eigentlich" und „möchte" setzen Sie bitte auch das „müssen" vor die Tür. Im Gegensatz zu den anderen beiden, die Sie schwächen, verursacht das „müssen" Druck. Hier geht es mir in erster Linie darum, Ihnen den Druck auf sich selbst zu nehmen, den Sie sich vielleicht im Zusammenhang mit diesem Buch machen.

„Ich muss mich ändern."
„Ich muss die Übungen machen."
„Ich muss mich gegen die blöde Kollegin durchsetzen."

Wenn ich darüber schreibe, kommt mir unweigerlich meine ehemalige Mathelehrerin in den Sinn, die auf unsere Aufforderung „Aber Sie müssen die Aufgaben leichter machen" gern antwortete: „Ich muss gar nichts außer irgendwann sterben." Tja, was soll ich sagen? Ich konnte diese Lehrerin zwar nicht leiden, aber damit hatte sie nun mal recht. Also bitte: Sie müssen erst mal gar nichts, denn: „Müssen" verdirbt „wollen"! „Müssen" ist ein echter Spielverderber und sehr gut darin, Ihnen jegliche Motivation auszutreiben. Lassen Sie uns das noch mal testen – ich habe die oberen Sätze umformuliert. Lesen Sie bitte zuerst die Ursprungsvariante laut vor, gerne mehrfach, und dann diese Sätze:

„Ich kann mich ändern."
„Ich will die Übungen machen."
„Ich werde mich gegen die blöde Kollegin durchsetzen."

Das hört sich schon anders an, oder? Also: Weniger „müssen", mehr „können", „wollen" und mehr Futur! Sie werden sehen: Das verleiht Ihnen Flügel!

Welche Worte treiben noch ihr Unwesen in unserer Sprache? Ganz oft begegnet mir das Wörtchen „man“:

„Man sollte der Kollegin mal sagen, dass das so nicht geht.“

Sie haben ja jetzt schon Übung. Na, was sagen Sie? Was passiert da? Genau: So schiebt man das Problem von sich weg und benennt es nicht als eigenes Problem, sondern verallgemeinert. Wer so spricht, geht davon aus, dass es allen anderen Kollegen genauso geht wie ihm – aber stimmt das? Im Grunde sagt er: Die Kollegin ist doof, aber ich sag's ihr nicht. Ich ärgere mich lieber weiter, denn ich traue mich nicht, das Problem anzugehen. Ein weiteres schönes Beispiel ist auch:

„So darf man nicht mit mir reden.“

Das ist ein typischer Satz, den man sagt, wenn derjenige, der einen gekränkt hat, nicht mehr im Raum ist. Lieber regt man sich danach im Austausch mit jemand anderem darüber auf – und ärgert sich, genau wie oben, weiter.

Ergebnis in beiden Fällen: 100 % Ärger, 0 % Lösung. Irgendwie keine gute Gleichung, oder? Sie wissen es bereits: Wenn Sie etwas verändern möchten, müssen (ja, in diesem Fall nutze ich dieses Wort!) Sie aktiv werden. Heißt übersetzt:

„Ich werde die Kollegin direkt ansprechen. Ich will, dass sie in einem angemessenen Ton mit mir spricht.“

Wenden wir uns als Nächstes einem Wort zu, das auf den ersten Blick ganz harmlos daherkommt: das „aber“. Das fiese kleine Ding ist nämlich ganz schön durchtrieben und ein verbales Fußaufstampfen, das leider in erster Linie albern wirkt:

„Aber ich hab doch gesagt, dass ich gleich Feierabend machen will.“
„Aber das geht so nicht!“
„Aber ich möchte das so!“

Ich sehe den Sprecher bildlich vor mir: Wie Rumpelstilzchen tanzt er um sein kleines Feuerchen und meckert vor sich hin. Vielleicht kommt Ihnen auch das Bild eines Kindes in den Kopf, das an der Kasse keine Schokolade bekommt und sich trotzig auf den Boden wirft. Wirkt irgendwie nicht sehr souverän, oder? Also: Weg damit!

„Ich habe bereits vor zehn Minuten gesagt, dass ich gleich Feierabend mache – und das mache ich jetzt auch.“
„Das geht so nicht!“
„Ich will das so!“

Das kleine „aber“ macht auch alles zunichte, was Sie davor gesagt haben:

„Ich habe versucht, mit der Kollegin zu reden, aber es hat nichts gebracht.“
„Ich habe mich wirklich bemüht, die Übungen zu machen, aber mir ist immer etwas dazwischengekommen.“

Wahrgenommen wird nur: Es hat nichts gebracht und es ist immer etwas dazwischengekommen. Auch das wirkt nicht sehr nachdrücklich. Versuchen wir es anders:

„Ich habe versucht, mit der Kollegin zu reden, und es hat nichts gebracht.“
„Ich habe mich wirklich bemüht, die Übungen zu machen, und mir ist immer etwas dazwischengekommen.“

Das klingt doch gleich ganz anders! Ersetzen Sie also das Wörtchen „aber“ öfter mal durch „und“ – das wird sich am Anfang ziemlich komisch anhören und anfühlen, gleichwohl wirkt es ganz anders! Sie können das „aber" auch durch „gleichwohl" ersetzen – ein schöner Tipp der Kollegin Sabine Dinkel, der sich in meinem Kopf ganz schnell festgesetzt hat, denn ich finde, dass „gleichwohl" auch einfach schön klingt!

Zu guter Letzt will ich Sie noch auf die schöne Methode des Worttausches aufmerksam machen. Ich nenne Ihnen mal ein paar Worte, und Sie beobachten, wie Sie sich beim Lesen (gern auch beim Lautlesen) fühlen:

Problem – schwierig – bezwingen

Jetzt probieren Sie das Gleiche bitte mit den folgenden Worten aus:

Herausforderung – verzwickt – lösen

Ich packe beide Varianten mal in einen Satz:

„Ich habe ein großes Problem mit dem Kollegen. Das ist sehr schwierig für mich. Ich muss das Problem aber bezwingen."

„Die Situation ist eine große Herausforderung für mich. Die Lage ist verzwickt. Gleichwohl bin ich davon überzeugt, dass ich das Problem lösen kann."

Beide Sätze beinhalten das Gleiche, es werden aber völlig andere Worte verwendet. Satz 1 klingt nach Sisyphos-Arbeit (Sie wissen schon – das ist der, der immer wieder einen schweren Stein einen Berg hochrollen musste), Satz 2 nach „Das ist zwar jetzt Mist, aber ich bekomme das schon hin." Und selbst das Wort „Problem" in der zweiten Variante triggert im Zusammenhang mit dem Verb „lösen" gleich viel weniger, so geht es zumindest mir. Es gibt zahlreiche weitere Beispiele, in denen ein Worttausch sinnvoll sein kann – ich bin sicher, Sie finden einige auch in Ihrem Sprachgebrauch.

Sehr beliebt sind auch bestimmte Phrasen, mit denen man seine Aussage weichspülen will, damit es nicht ganz so hart klingt. Ich meine zum Beispiel diese beiden Gesellen hier, die allzu gern auf Wanderschaft in unserer Sprachwelt gehen:

„Ich will ja nichts sagen, aber …“
„Seien Sie mir nicht böse, aber …“

Sie finden die beiden gar nicht so doof? Nun ja. Ich bringe sie in einen passenden Zusammenhang, und wir schauen noch einmal gemeinsam drauf:

„Ich will ja nichts sagen, aber das hat mich schon sehr gestört beim Meeting, als du meine Idee als deine verkauft hast.“

Na, was meinen Sie? Wie ernst wird die Kollegin Sie nehmen, wenn Sie ihr das so sagen? Wie fühlt sich dagegen das Folgende für Sie an?

„Ich will mit dir über das Meeting letzte Woche sprechen. Es hat mich sehr irritiert und auch verletzt, dass du von ‚deiner Idee‘ gesprochen hast. Es war unsere gemeinsame Idee. Weshalb hast du das so anders dargestellt?“

Besser, oder? Was passiert, wenn Sie solche Phrasen voranstellen? Sie machen sich klein und Sie entschuldigen sich im Vorfeld. Beides bringt Sie nicht weiter. Also: Schmeißen Sie die beiden Phrasen-Jungs und alle, die da noch im Schlepptau der beiden unterwegs sind, raus. Die können ihre Party woanders feiern, aber nicht bei Ihnen. Die folgenden Sprach-Weichspüler können sich da gleich anschließen:

„vielleicht“
„ein bisschen“
„ich glaube“
„eventuell“
sämtliche Verniedlichungsformen, z. B. „Problemchen“

Diese Sprach-Weichspüler sind für Sie genauso schädlich wie der Einsatz von richtigem Weichspüler für die Umwelt: Sie sind voller Chemikalien, die weder Ihnen noch den Menschen um Sie herum guttun. Wenn Sie sich durchsetzen möchten, meiden Sie sie wie der Teufel das Weihwasser. Ich gebe noch mal ein Beispiel, weil's so schön ist:

> ***„Frau Müller, würden Sie vielleicht in Zukunft ein bisschen mehr Rücksicht auf mich nehmen, wenn Sie Termine ansetzen? Ich glaube, da würden sich auch die Kollegen drüber freuen. Dann hätten wir ein Problemchen weniger.“***

Ja, Sie lachen! Aber was meinen Sie, wie oft genau das im Alltag vorkommt? Zugegeben, ich habe alles in drei Sätze gepackt, aber lassen Sie mal den dritten Satz weg: Ich wette, dann kommt Ihnen das Ganze schon sehr realistisch vor. Also, schnappen Sie sich Ihr Notizbuch und machen Sie die folgende Übung.

Übung: Den eigenen Wortschatz aufräumen

Beobachten Sie sich in den nächsten Wochen genau und versuchen Sie herauszufinden, welche Worte Ihre Sprache zumüllen. Sie können hier auch gern in Ihrem Umfeld herumfragen, ob Ihren Kollegen, Ihrer Familie oder Ihren Freunden dazu etwas einfällt.

Schreiben Sie sich die Worte auf, die Sie loswerden wollen – und greifen Sie sich pro Woche eins raus. Das schreiben Sie sich auf mehrere Post-its und kleben diese an strategisch gut gewählte Orte, z. B. an den Badezimmerspiegel, das Bürotelefon und Ihre Pinnwand, und üben, es zu vermeiden. Beobachten Sie, ob sich dadurch etwas verändert – sowohl bei Ihnen als auch bei den anderen.

Notieren Sie Ihre Erkenntnisse: Werden Sie besser verstanden? Wird Ihren Anweisungen häufiger Folge geleistet?

Schritt 2: Checken Sie Ihren Satzbau

Aua – noch mehr Sprache? Ja! Aber der Abschnitt wird kürzer, versprochen! Nach der Wortkosmetik wollen wir uns Ihrem Satzbau zuwenden, der, nun ja, wahlweise löchrig, kompliziert oder sehr passiv daherkommt. Alles keine guten Voraussetzungen, wenn Sie sich in Zukunft besser durchsetzen wollen.

Das „Ich" nicht weglassen

Wir starten mit einer Angewohnheit, die mir vor allem bei Frauen immer wieder begegnet, die „Ich"-losen Sätze, sehr beliebt auf kleinen Zettelchen, die auf den Küchentisch geworfen oder an die Tür gepinnt werden:

„Bin gleich wieder da."
„Hol mir nur schnell was zu essen."
„Kann gerade nicht."

Aha! Und um wen geht's? Wo ist denn da das Subjekt abgeblieben, das ja immerhin der Teil des Satzes ist, der etwas tut? Mechthild R. von Scheurl-Defersdorf schreibt dazu sehr treffend, dass man aus so formulierten Sätzen schließen kann, dass der Sprecher in seinem eigenen Denken nicht vorkommt, mit fatalen Folgen: „Es ist einsichtig, dass auch andere Sie nicht sehen und folglich auch keinen Dank sagen."

Verschwinden Sie auch bei vermeintlich kleinen Infos nicht in einem schwarzen Loch, sondern gönnen Sie sich ein „Ich".

Also bitte, tun Sie sich den Gefallen und verschwinden Sie auch bei so vermeintlich kleinen Infos nicht in einem schwarzen Loch. Ziehen Sie also die Spendierhosen an und gönnen Sie sich ein „Ich" – und schon wird aus einem lapidaren „Erledige das kurz" ein ganz klares „Ich erledige das" (das „kurz" können Sie auch weglassen – das ist aus der gleichen Kategorie wie „schnell“ und setzt Sie nur unter Druck) oder auch ein „Hab ich erledigt“ statt „Ist erledigt“. Damit zeigen Sie ganz deutlich, wer hier die handelnde Person ist: Sie!

Passiv vermeiden

Sehr beliebt im alltäglichen Sprachgebrauch sind auch Passivkonstruktionen. Da könnte ich mir beim Zuhören und auch beim Lesen die Haare raufen! Ein Beispiel:

> *„Ich wurde von meiner Freundin hintergangen.“*

Da möchte ich am liebsten antworten: „Ach, du armer, armer Mensch!“ Also, natürlich ist das traurig, aber was macht der Sprecher in so einem Fall mit sich? Er stellt sich verbal in die Opferecke. Das Passiv habe ich in meiner Grundschulzeit noch als „Leideform“ kennengelernt – und genau das passiert hier: Da leidet jemand. Das ist an sich nichts Schlimmes, und ich finde, jeder hat das Recht, auch mal so richtig kräftig vor sich hin zu leiden – nur leider bringt uns das nicht weiter, denn wer leidet, der handelt nicht. Die Formulierung zeigt: Da fühlt sich jemand der Situation ausgeliefert, und das ist nie eine gute Ausgangsposition für Veränderungen. Also drehen wir das Ganze mal um:

> *„Meine Freundin hat mich hintergangen.“*

Hier steht die Freundin im Mittelpunkt. Sie ist die handelnde Person, und es wird klar, wer hier etwas falsch gemacht hat. Ich möchte das mit Ihnen auf eine andere Situation übertragen.

Stellen Sie sich mal Folgendes vor: Sie warten händeringend darauf, dass ein Kollege eine Aufgabe erledigt, denn Sie brauchen seine Ergebnisse, um selbst weiterarbeiten zu können. Sie warten. Und warten. Und fragen nach. Der Kollege vertröstet Sie: „In fünf Minuten hast du's!“ 20 Minuten später haben Sie immer noch nichts in der

Hand, sehen aber eben jenen Kollegen in der Raucherecke stehen und gemütlich mit anderen plaudern. Da kommt Ihr Chef zur Tür rein und fragt Sie, wo seine Unterlagen bleiben. Sie antworten:

„Tut mir leid, Chef. Ich warte noch auf Infos, aber die wurden mir noch nicht weitergegeben."

Na, herzlichen Glückwunsch. Wer ist jetzt hier der Depp, der nichts gebacken bekommt? Und wer wird wohl Ärger vom Chef bekommen? Genau: Sie. Und Mister Unzuverlässig ist mal wieder fein raus aus der Nummer. Versuchen wir's mal anders:

„Tut mir leid, Chef. Ich warte seit drei Stunden auf die Infos von Herrn Müller. Ich habe ihn mehrfach erinnert, aber er hat noch nichts geliefert. Ich geh jetzt aber zu ihm rüber und fühl ihm auf den Zahn."

Uff, ja, ich weiß – das fühlt sich erst mal nach „Petze, Petze ging in' Laden" an. Da der Kollege aber nicht zum ersten Mal Mist gebaut hat, wird es Zeit, Klartext zu reden. Und mit dem letzten Satz zeigen Sie, dass Sie die Sache in die Hand nehmen und sich kümmern. Der Haken an der Sache ist: Sie müssen das dann auch wirklich tun und dürfen sich nicht wieder abwimmeln lassen! Aber genau das wollen Sie ja mit dem Lesen dieses Buches erreichen: Raus aus der passiven Ecke, rein in die Aktivität! Da ist eine aktive Sprache eine sehr gute Unterstützung, denn Sie fordern sich damit selbst auf, den Hintern hochzubekommen.

Schachtelsätze

Es gibt noch eine weitere Satzbau-Problematik: Die gefürchteten Schachtelsätze. Kennen Sie diese russischen Puppen, die Babuschkas? Da steckt immer noch eine und noch eine Puppe im Inneren – und irgendwann fragt man sich: Himmel, nimmt das irgendwann auch mal ein Ende?

So ähnlich ist das auch mit sprachlichen Babuschkas – der Zuhörer schaltet dabei sehr zügig ab, denn irgendwann ist es einfach nicht mehr spannend, ob da noch ein Püppchen im Inneren zum Vorschein kommt oder nicht. Studien haben gezeigt, dass die Verständlichkeit von Sätzen bis 13 Worte als sehr gut gilt. Bis 25 Worte spricht man noch von verständlichen Sätzen, dann wird's schwierig. Zudem enthalten Schachtelsätze oftmals unnötige Rechtfertigungen. Das kann dann zum Beispiel so aussehen:

> ***„Ja, also, wissen Sie, Chef, ich konnte die Aufgabe noch nicht zu Ende machen, weil ich noch auf Rückmeldung vom Kollegen Müller gewartet habe, der aber auch gerade den Schreibtisch total voll hat und ausgerechnet heute früher Feierabend machen will, weil er doch zu seinem Sohn will wegen des Fußballspiels – und, also, ich fürchte, das klappt heute nicht mehr."***

Äh, was? Wer will zum Fußball? Das ist dem Chef doch piepegal, wenn er dringend auf etwas wartet! Lassen Sie das mit diesen Rechtfertigungen – das lässt Sie schwach wirken. Sie müssen sich nicht rechtfertigen und auch nicht entschuldigen (außer Sie haben wirklich Mist gebaut – dann schon)! Aber Sie dürfen gern erklären, warum Sie etwas tun oder auch nicht. Also, noch mal zurückgespult:

> ***„Tut mir leid, Chef. Ich warte seit drei Stunden auf die Infos von Herrn Müller. Ich habe ihn mehrfach erinnert. Er hat bisher noch nichts geliefert. Ich geh jetzt zu ihm rüber und fühl ihm auf den Zahn."***

Diese Version kommt Ihnen bekannt vor? Genau. Nur dass ich sie noch um zwei „aber" und einen Halbsatz erleichtert habe. Diese Klarheit wird Ihnen in vielen Situationen weiterhelfen, beispielsweise wenn Ihnen jemand seine Arbeit aufhalsen will. Statt: „Das kann ich nicht übernehmen, weil ich gleich noch verabredet bin" sagen Sie in Zukunft: „Ich kann das nicht übernehmen. Ich bin verabredet." Zack. Mehr Klarheit geht wohl kaum.

Vollständige Sätze bilden

Ach, und noch eine Bitte: Bilden Sie vollständige Sätze! Auch in Mails oder bei WhatsApp. Das kostet ein paar Sekunden mehr Zeit, und Sie müssen auch ein paar Gramm mehr Hirnschmalz dafür einsetzen, aber es lohnt sich! Gerade in stressigen Situationen neigen wir zur Verkürzung, zum Weglassen – und nehmen uns dadurch eine ganze Portion Souveränität. Auch das lässt sich an einem Beispiel gut demonstrieren. Ich nehme mal eins aus meiner Hundeschule. Sie erinnern sich vielleicht an die Teilnehmerin, die meinen Hund wissentlich gegen die Regeln gefüttert hat. Stellen Sie sich vor, ich hätte so reagiert:

„Also, Susanne, ich wollte noch mal, wegen neulich, du weißt, als du meinen Hund? Weißt du noch? Also, als du den gefüttert hast, da wollte ich noch mal – das war für mich so nicht okay, weil, du weißt doch, wir haben da ja Regeln …"

Hey! Da wird Susanne meinen Hund beim nächsten Mal bestimmt wieder füttern. Mich macht schon das Lesen dieser Sätze ganz kribbelig und ich möchte rufen: Luft holen, Sätze im Kopf zurechtlegen und dann loslegen. Zum Beispiel so:

Luft holen, Sätze im Kopf zurechtlegen und dann loslegen!

„Susanne, hast du einen Moment? Du hast letztes Mal meinen Hund gefüttert. Ich bitte dich, das in Zukunft nicht mehr zu tun."

Also, bitte, bitte, bitte: Üben Sie das! Sie machen es Ihrem Gegenüber auch leichter, denn das Ergänzen Ihrer Halbsätze ist ziemlich anstrengend. Da gerät der Inhalt dann schnell in den Hintergrund.

Kleiner Tipp: Beobachten Sie mal Menschen in Ihrer Umgebung, die in Konfliktsituationen ruhig bleiben. Sie haben meistens nicht nur eine geerdete Körperhaltung und einen aufrechten Stand, sie sprechen auch geerdet und geradeaus.

Schritt 3: Checken Sie Ihre Satzmelodie

Bei Schritt drei können wir direkt beim vorherigen Beispiel aus der Hundeschule anknüpfen. Wenn ich das Zitat lese, kann ich keinen Punkt erkennen – die Satzmelodie würde gezeichnet etwa so aussehen:

Sieht nach einer ziemlich großen Welle aus, nicht wahr? Und genau das passiert, wenn Sie so sprechen: Sie machen eine Riesenwelle, und Ihr Gegenüber möchte am liebsten schnell davonlaufen – oder wird zumindest schnell nicht mehr wissen, worum es bei diesem Wortschwall eigentlich geht. Das ist vor allem in Konfliktsituationen nicht zielführend – Sie wollen ja etwas klarstellen, und wenn Sie Ihr Gegenüber schon auf den ersten Metern in die Flucht schlagen, tja …

Hohe Stimmen schrecken uns tendenziell eher ab, weil sie hysterisch wirken – und wer will schon etwas mit jemandem besprechen, der überreizt wirkt? Unsere Stimme rutscht auch oft nach oben, wenn wir mit Kindern oder Tieren reden. Wir denken dann, dass das liebevoller klingt. Ich habe oft Menschen, vor allem Frauen, in meinen Präsentationsseminaren, die ihre hohe Stimme nicht mögen. Meistens stellt sich bei näherem Hinhören heraus, dass ihre Stimme gar nicht so hoch ist – das Problem ist die Satzmelodie. Sobald diese Teilnehmer ruhig sprechen und einen Punkt am Ende jedes Satzes machen, klingen sie ganz anders – das ist jedes Mal aufs Neue verblüffend.

Das heißt also für Sie: Wenn Sie etwas klären wollen, achten Sie auf Ihre Satzmelodie. Sie wollen weder hysterisch noch sanftmütig klingen, sondern sich klar und nachdrücklich äußern. Machen Sie also einen Punkt am Ende eines Satzes, gehen Sie mit der Stimme runter – und machen Sie gern auch eine kleine Pause. Dann hat auch das Gehirn Ihres Gegenübers Zeit, hinterherzukommen. Bezogen auf unsere Abbildung bedeutet das: Ihre Satzmelodie ist keine Welle, sondern ein ruhiges Gewässer.

Machen Sie einen Punkt am Ende eines Satzes und eine kleine Pause. Dann hat auch das Gehirn Ihres Gegenübers Zeit, hinterherzukommen.

Wenn Ihnen das schwerfällt, können Sie erst mal übertrieben üben, indem Sie am Ende jedes Satzes laut „Punkt“ sagen und einmal ein- und wieder ausatmen.

Ich weiß, das wird sich erst mal albern anhören und sehr merkwürdig für Sie sein. Sobald Ihr Gehirn gecheckt hat, dass das ab jetzt so läuft, lassen Sie das „Punkt“ wieder weg. Wobei ich finde, dass manchmal ein sehr nachdrückliches „Punkt“ auch sehr wirksam sein kann, am liebsten in Kombination mit einem sehr strengen Blick. Ich habe mal eine sehr schöne Karte geschenkt bekommen mit den Satz: „Ich brauch keinen Mittelfinger. Ich mach das mit den Augen.“ Sie machen das ab jetzt mit Satzmelodie plus Augen!

Schritt 4: Frage oder Aufforderung?

„Wärst du so nett und würdest mir vielleicht das Protokoll heute noch schicken?“

Wir sind in einer typischen Bürosituation gelandet. Was wäre Ihre Reaktion auf diese Frage? Meine wäre vermutlich diese, denn ich hasse das Verfassen von Protokollen:

*„Öhm, ja, ich weiß nicht, ob ich das heute noch schaffe.
Ich schau mal. Ansonsten bekommst du's morgen, okay?“*

Alles in allem also eine recht unverbindliche Antwort. Es könnte auch sein, dass das Protokoll erst in einer Woche kommt. Wir fahren die Szene mal zurück auf Anfang. Lassen Sie den folgenden Satz auf sich wirken:

*„Ich benötige das Protokoll noch heute.
Bitte schicke es mir bis 16 Uhr. Vielen Dank!“*

Wie wäre da wohl meine Antwort? Ich vermute, in etwa so:

„Alles klar. Ich spute mich.“

Und zack, säße ich am Schreibtisch! Wenn Sie die beiden Aussagen vergleichen – was fällt auf? In der ersten Szene hat der Sprecher einen freundlichen Vorschlag in Form einer Frage geäußert. Als Angesprochene kann ich mir überlegen, ob ich gerade Lust habe, darauf einzugehen – oder eben nicht. Ich kann aus der Art und Weise, wie der Sprecher seine Anfrage geäußert hat, sehr klar erkennen: Da ist kein Druck dahinter. Warum sollte ich also reagieren?

In der zweiten Szene sieht das ganz anders aus – hier wird kein Vorschlag formuliert, sondern eine Forderung. Ich greife in diesem Buch möglichst selten in die Geschlechterschublade – aber an dieser Stelle tue ich es, denn: Vor allem Frauen neigen dazu, ihre Forderungen hübsch und nett in einen Vorschlag zu verpacken. Und dann wundern sie sich, warum nichts passiert.

Vor allem Frauen neigen dazu, ihre Forderungen hübsch und nett in einen Vorschlag zu verpacken.

Helmut Ebert vom Institut für Germanistik der Universität Bonn hat dazu eine Studie erstellt, die sehr deutlich zeigt: Frauen machen Vorschläge, Männer fordern ein. Während es für Männer oft völlig selbstverständlich ist, so etwas wie „Gib mir bitte die Butter!“ zu sagen, tendieren Frauen oft dazu, in den Konjunktiv zu verfallen und lauter Füllsel einzubauen: „Würdest du mir bitte kurz die Butter rüberreichen?“ Ebert erklärt das wie folgt:

> *„Man sollte vielleicht nicht von ‚dem weiblichen Stil‘ und ‚dem männlichen Stil‘ sprechen. Dann vermeidet man das Missverständnis, es ginge um so etwas wie eine ‚biologische Programmierung‘. Es geht vielmehr um soziale Verhaltensmuster. Bestimmte Stilzüge werden ja auch durch die Sozialisation als Mädchen oder Junge erlernt.“*

So ist es – und zwar immer noch! Ich erliege oft der Illusion, dass wir in Sachen Geschlechtergerechtigkeit schon viel weiter sind. Aber Pustekuchen! Sie müssen nur Ihre Ohren aufsperren und aufmerksam zuhören, dann werden Sie merken, wie sehr die alten Muster noch in unseren Gehirnwindungen festhängen. Ich kann für mich sagen, dass sich meine Eltern sehr bemüht haben, meinen Bruder und mich in gleicher Weise zu erziehen, und dennoch erwische ich mich allzu oft bei diesen verschwurbelten „Würdest du vielleicht ...“-Sätzen. Mechthild R. von Scheurl-Defersdorf bringt die Dinge auf den Punkt: „Im allgemeinen Sprachgebrauch gibt es ein weit verbreitetes Durcheinander von Fragen, Aussagen und Aufforderungen.“

Also: Bringen Sie Ordnung in diesen Salat – auch wenn’s schwerfällt und Sie sich am Anfang vielleicht unhöflich fühlen. Mit ein bisschen Übung wird Ihnen auch dies immer leichter fallen.

WIE SIE IHRE SPRACHE VERÄNDERN

Ich verschone Sie an dieser Stelle mit einer Übung – stattdessen gibt es einen Tipp von mir. Sie werden vermutlich beim Lesen dieses Kapitels vieles in Ihrer Sprache finden, das Sie verändern wollen – zumindest ging es mir bei der Beschäftigung mit meiner Sprache so.

Es macht keinen Sinn, alles umkrempeln zu wollen, denn dann trauen Sie sich ganz schnell gar nichts mehr zu sagen oder legen jedes einzelne Wort auf die Goldwaage. Es geht hier nicht um Perfektionismus, sondern erst mal darum, dass Sie achtsamer mit sich und dem, was da so aus Ihrem Mund kommt, umgehen. Denken Sie immer an das Loch in der Hose, das Sie nur flicken können, wenn Sie es wahrnehmen.

Tipp 1: Wie in der Übung zum Wortschatz schon gesagt: Machen Sie sich Post-its mit den Aspekten, die Sie angehen möchten. Und dann kleben Sie sich immer schön eins nach dem anderen an den Badezimmerspiegel – nicht alle auf einmal!

Tipp 2: Es gibt ein sehr schönes Kartenset von Mechthild R. von Scheurl-Defersdorf. Es heißt „Die Kraft der Sprache – 80 Karten für den täglichen Sprachgebrauch". Ich habe eine Zeit lang jeden Morgen eine Karte gezogen und sie mir in meinen Kalender gelegt – jedes Mal, wenn ich ihn aufgeschlagen habe (und das mache ich oft, denn mein Kalender ist mein Gehirn), habe ich einen Anschubser bekommen. Für mich waren das Anschubser in passender Dosis, beispielsweise zu sagen „Diese Angelegenheit werde ich so regeln, wie ich es für erforderlich halte" statt „In dieser Angelegenheit werde ich mich durchsetzen." Wenn Sie sich jetzt fragen, warum das eine besser ist als das andere, kaufen Sie sich das Kartenset, es sind gut investierte 20 €.

Tipp 3: Bitten Sie andere, Ihnen Rückmeldung zu Ihrer Sprache zu geben. Was fällt Ihrem Partner, Ihrer Kollegin auf? So bin ich zu sehr erhellenden Rückmeldungen bekommen. Ich habe beispielsweise in einem Seminar ständig „Scheiße" gesagt – das fand eine Teilnehmerin nicht so toll und hat mich darauf hingewiesen. Eine der schönsten Rückmeldungen habe ich von einem Poetry-Slammer bekommen, den ich als Special Guest bei einer Veranstaltung auf die Bühne geholt hatte. Er kam nach der Veranstaltung zu mir und bescheinigte mir eine „ganz wunderbar wertschätzende Art und Weise der Moderation". Dieses Kompliment eines Menschen, der von dem, was er mit Sprache anstellt, lebt, hat mich locker zehn Zentimeter wachsen lassen.

SELBSTVERTEIDIGUNG DURCH KOMMUNIKATION

Wie wichtig Sprache ist und an welchen Stellschrauben Sie in diesem Bereich drehen können, haben Sie im vorangegangenen Kapitel erfahren. Jetzt möchte ich Ihnen noch ein paar Dinge mit auf den Weg geben, die Ihnen helfen sollen, im Konfliktfall klar und souverän reagieren zu können. Kommunikation ist eine mächtige Waffe, die Sie hervorragend einsetzen können, um sich aus der Nettigkeitsfalle zu befreien – oder gar nicht erst hineinzutappen.

Auf welchem Ohr hören Sie?

Kommunikation ist etwas, das in zwei Richtungen läuft: aus uns raus und in uns rein. Wir starten mit Letzterem und werfen mal einen kurzen Blick auf Ihre vier Ohren. Hä, wieso denn vier? Nein, ich bin kein Alien, und zählen kann ich auch recht gut. Hier kommt noch einmal Friedemann Schulz von Thun ins Spiel – und zwar mit seinem Vier-Ohren-Modell, das ich als ausgesprochen klar und hilfreich empfinde. Ich erläutere Ihnen die vier Ohren mal:

1. Das Sachinhalts-Ohr: Ganz klar – hier geht es um die reine Sachinformation. Dieses Ohr nimmt wahr, worüber gerade gesprochen wird. Emotionen kann es nicht aufnehmen. Es filtert alles heraus bis auf die rein sachlichen Informationen. Wenn man weiß, dass sich die meisten Konflikte nicht auf der Sach-, sondern der Beziehungsebene, also der emotionalen Ebene abspielen, wird schnell klar: Nur allein damit kommen wir nicht weit, denn diesem Ohr entgeht ganz schnell das, was eigentlich gemeint war.

Beispiel: Ich sage: „Ein Kaffee wäre jetzt schön." Mein Gegenüber denkt: „Stimmt."

2. Das Selbstkundgabe-Ohr: Hier liegt der Fokus auf dem, was das Gegenüber über sich selbst kundtut. Er gibt uns – so formuliert es Schulz von Thun sehr treffend – „eine Kostprobe seiner Persönlichkeit, seiner Gefühle, Werte, Eigenarten und Bedürfnisse". In unserem Inneren stellen wir uns Fragen wie „Was ist das für einer?" oder auch „Wie geht's dem gerade?" Dieses Ohr ist unser diagnostisches Ohr, das auch immer versucht, zwischen den Zeilen zu lesen und sehr darauf trainiert ist, die Emotionen hinter dem Sachinhalt wahrzunehmen. Wichtig ist hier: Wer auf diesem Ohr hört, fühlt sich nicht selbst betroffen, sondern nimmt die Selbstoffenbarung des Gegenübers erst einmal wahr, um dann zu überlegen, was er daraus macht. Allerdings verliert sich dieses Ohr manchmal auch in Spekulationen.

Beispiel: Ich sage: „Ein Kaffee wäre jetzt schön." Mein Gegenüber denkt: „Oh, sie könnte müde sein. Deswegen möchte sie einen Kaffee."

3. Beziehungs-Ohr: Dieses Ohr versucht, den Stand der Beziehung zum Sender zu ermitteln. Es fragt sich beispielsweise „Wie steht mein Gegenüber zu mir?" oder auch „Was hält er von mir?" Schulz von Thun sagt: „Der Empfänger fühlt sich durch die auf dem Beziehungsohr eingehenden Informationen wertgeschätzt oder abgelehnt, missachtet oder geachtet, respektiert oder gedemütigt." Im Gegensatz zum Selbstoffenbarungs-Ohr bezieht es die Informationen immer auf sich – und ist entsprechend schnell beleidigt.

Beispiel: Ich sage: „Ein Kaffee wäre jetzt schön." Mein Gegenüber sagt: „Ja, nee, klar – und ich soll ihn dir jetzt machen, oder was?"

4. Das Appell-Ohr: Dieses Ohr ist darauf trainiert, den Aufforderungscharakter einer Nachricht herauszufiltern. Es versteht, was der Sender will und sorgt dafür, dass sein Besitzer Verantwortung übernimmt. Allerdings versucht dieses Ohr auch immerzu, es allen recht zu machen – und Sie wissen ja: Das ist in Sachen Nettigkeitsfalle keine gute Idee!

Beispiel: Ich sage: „Ein Kaffee wäre jetzt schön." Mein Gegenüber springt auf und sagt: „Ich mach dir sofort einen!"

Was bedeutet das nun für Sie und Ihren Weg aus der Nettigkeitsfalle? Hören Sie weniger auf dem Beziehungs- und Appell-Ohr und nutzen Sie Ihr Selbstkundegabe-Ohr intensiver. Fragen Sie sich also lieber: „Was sagt mir das Gehörte über mein Gegenüber?", als entweder in vorauseilendem Gehorsam aufzuspringen oder das Gesagte auf sich zu beziehen. Das klingt jetzt vielleicht etwas paradox – schließlich habe ich Ihnen vorhin eingetrichtert, dass Sie immer schön bei sich bleiben sollen. Aber: Das eine schließt das andere nicht aus. Indem Sie sich auf die Selbstkundgabe des anderen konzentrieren, treten Sie auch ein Stück weit aus sich heraus und schützen sich selbst damit optimal.

Fragen Sie sich: „Was sagt mir das Gehörte über mein Gegenüber?"

Übertragen auf ein Beispiel heißt das: Wenn Herr Meier wieder ankommt und sagt „Ich weiß gar nicht, wie ich das alles fertig bekommen soll!" (und Sie genau wissen, der will doch wieder nur früh Feierabend machen), dann schalten Sie Ihr Selbstkundgabe-Ohr ein und fragen ihn beispielsweise: „Was hast du denn noch zu tun?" Dann muss Herr Meier sich nämlich erst mal erklären. Verboten sind ab sofort Reaktionen wie „Soll ich dir helfen?" (da hätte sich das Appell-Ohr zugeschaltet) oder Gedanken wie „Der will doch wieder, dass ich das mache." Spielen Sie den Ball einfach zurück zu ihm – und schauen Sie, was passiert.

Bei diesem Thema kommen Sie mir natürlich nicht davon, ohne eine hübsche Übung zu absolvieren – hier kommt sie:

Übung: Ihre vier Ohren

Erste Runde: *Schnappen Sie sich wieder Ihre Situationenliste und überlegen Sie bei jeder Situation – ob nett, nicht nett oder ungewollt nett –, auf welchem Ihrer vier Ohren Sie jeweils gehört haben.*

Zweite Runde: Achten Sie im Alltag, in ganz konkreten Situationen darauf, welches Ihrer Ohren sich einschaltet. Üben Sie, mehr auf der Selbstkundgabe-Frequenz wahrzunehmen – und natürlich auch, den reinen Sachinhalt aus dem Gesagten herauszufiltern.

Die eigenen Bedürfnisse klären

Sie werden es sich vielleicht schon gedacht haben: Wo vier Ohren sind, sind auch vier Münder – oder Schnäbel, wie Schulz von Thun es formuliert hat. Im Kapitel über Sprache haben Sie schon erfahren, wie unklar wir uns oft ausdrücken – auch hier kann das Modell von Schulz von Thun Abhilfe schaffen. Er sagt: „Willst du ein guter Kommunikator sein, dann schau' auch in dich selbst hinein!" Und Sie wissen ja: Was sich reimt, ist gut! Zum einen kommt hier das Modell vom Inneren Team wieder zum Tragen – das haben Sie sich ja schon wunderbar erarbeitet. Nun kommen noch die vier Seiten einer Nachricht hinzu, die analog zu den Ohren wie folgt aussehen:

1. Die Sachinformation: Worüber informiere ich?
2. Die Selbstkundgabe: Was gebe ich von mir zu erkennen?
3. Der Beziehungshinweis: Was halte ich von meinem Gegenüber und wie stehe ich zu ihm?
4. Der Appell: Was will ich erreichen?

Tja, und da sind wir eben ganz oft ganz uneindeutig. Weil wir nicht klar sagen, was wir wollen. Wenn ich also auf dem Sofa sitze und sage „Ein Kaffee wäre jetzt schön", kann das bekanntermaßen vieles bedeuten: Von „Ein Kaffee wäre jetzt schön" (Sachinformation) über „Ich möchte jetzt gern einen Kaffee trinken" (Selbstkundgabe) über „War ja klar, dass du mir keinen Kaffee machst, obwohl ich ihn doch so dringend bräuchte!" (Beziehungshinweis) bis hin zu „Los! Mach mir einen Kaffee!" (Appell). Sie merken: Da bricht schnell Chaos aus – und ganz ehrlich: Woher soll Ihr Gegenüber denn nun wissen, welche Nachricht Sie transportieren? Mit einem „Also, eigentlich müsste ich heute zeitig weg" wirken Sie nicht sehr souverän.

Deswegen ist es so wichtig, dass Sie wegkommen von dieser schwammigen Larifari-Kommunikation – denn sie führt Sie ganz tief in die Nettigkeitsfalle. Aber: Je klarer Sie Ihrem Gegenüber entgegentreten, desto weniger Angriffsfläche bieten Sie auch – und desto weniger geraten Sie in die Gefahrenzone in Sachen ungewollter Nettigkeit.

> Je klarer Sie Ihrem Gegenüber entgegentreten, desto weniger Angriffsfläche bieten Sie auch.

Woran liegt es, dass wir uns so oft nicht trauen, klar zu kommunizieren? Da können Sie wieder in die gut gefüllte Glaubenssätze-Kiste greifen und beispielsweise den Satz „Sei immer höflich und nicht zu direkt" rausziehen oder „Nimm dich selbst nicht so wichtig". Dahinter steckt auch, dass viele verlernt haben, ihre Bedürfnisse zu äußern. Die meisten Menschen können sie nicht mal mehr richtig benennen – wie bei den Gefühlen. Also: „... dann schau' auch in dich selbst hinein!" – und machen Sie sich klar, welche Bedürfnisse sich gerade in Ihnen melden. Wir sehen uns das wieder an einem Beispiel an, diesmal darf meine liebe Freundin Isabell herhalten:

Isabell hat eine Tochter, die sich im Kindergarten mit einigen anderen Kindern angefreundet hat. Leider ist ausgerechnet die Mutter der Lieblingskindergartenfreundin eine sehr unangenehme Person, die gern Dinge sagt wie: „Ach, das bist du auf dem Foto? Da siehst du ja richtig hübsch aus!" Die Gefühlswelt in Isabell war in diesem Moment durchaus vielfältig – von Wut („Hat die noch alle Tassen im

Schrank?") über Irritation („Hat sie das wirklich gerade gesagt?") und Zerrissenheit („Wenn ich sie jetzt anpampe, verliert meine Tochter ihre Lieblingsspielkameradin!") bis hin zu Scham („Sehe ich wirklich so schlimm aus?"). Wenn wir uns ansehen, welche Bedürfnisse da verletzt wurden, kommen wir zu so etwas wie Wertschätzung, Selbstbehauptung und Respekt. Schauen wir auf die vier Seiten einer Nachricht, könnte eine passende Antwort so aussehen:

1. Sachebene: „Ja, das bin ich."
2. Selbstoffenbarung: „Mich hat das sehr verletzt, was du da gerade über mich gesagt hast."
3. Beziehung: „Ich möchte gerne weiterhin mit dir befreundet sein, aber wenn du so verletzende Dinge zu mir sagst, kann ich das nicht."
4. Appell: „Ich will, dass du das in Zukunft unterlässt."

Das heißt nicht, dass Sie jedes Mal alle vier Seiten mit Ihrer Antwort bedienen müssen, aber Sie sehen, dass sie ganz prima als Fahrplan dienen können. Und nicht nur das: Diese Vorgehensweise verhindert auch, dass Sie in Du-Botschaften abdriften, denn – so sehr einem das manchmal auf der Zunge liegt: Ein „Immer sagst du so gemeine Sachen zu mir" oder auch: „Nie bist du nett zu mir!" hat in Sachen Lösungsorientierung noch nie weitergeholfen.

Ein „Nie bist du nett zu mir!" hat in Sachen Lösungsorientierung noch nie weitergeholfen.

Ich muss Sie allerdings warnen: Auch die strengste Orientierung an diesem Vier-Schritte-Plan heißt leider nicht, dass immer alles so bei Ihrem Gegenüber ankommt, wie Sie es sich wünschen. Eine der wichtigsten Erkenntnisse, die ich aus der Beschäftigung mit den Büchern von Schulz von Thun gezogen habe, ist: Der Empfänger macht die Botschaft. Grämen Sie sich also nicht, wenn's mit der Kommunikation nicht bei jedem klappt. Wichtig ist letztlich, dass Sie sich treu bleiben – und das wird Ihnen mit dem Vier-Seiten-Modell immer öfter gelingen.

Falls Ihnen dieser Kommunikationsfahrplan übrigens bekannt vorkommen sollte, dann liegt das daran, dass auch die Gewaltfreie Kommunikation nach Marshall B. Rosenberg mit diesen vier Schritten arbeitet – eine ebenfalls seit vielen Jahrzehnten erprobte und sehr gut funktionierende Methode, die ich aber aus Platzgründen hier nicht noch erläutern kann.

LESETIPPS ZUM THEMA KOMMUNIKATION

Wenn Sie merken sollten, dass ich Sie mit dem Thema Kommunikation in Konfliktsituationen angetriggert habe, dann bleiben Sie dran. Zum Weiterlesen empfehle ich Ihnen neben Friedemann Schulz von Thun die im Anhang genannten Bücher von Marshall B. Rosenberg, Ursula Wawrzinek und Barbara Berckhan. Sie stehen auch in meinem Regal, und ich ziehe sie immer wieder heraus, weil sie einfach so gut sind.

Ich habe es als große Bereicherung empfunden, mich mit all diesen Themen und Methoden auseinanderzusetzen, und da ich sie in meinen Workshops immer wieder aufs Tablett bringe, rufe ich sie mir auch selbst immer wieder in Erinnerung – und es ist jedes Mal wieder lehrreich.

Nur nicht rechtfertigen!

Vor allem Frauen neigen dazu, sich in ellenlangen Rechtfertigungen zu verheddern. Statt einfach „Nein, ich kann dir da nicht helfen“ zu sagen, kommt beispielsweise Folgendes aus uns raus: „Also, weißt du, ich würde dir ja echt gern helfen. Aber ich habe meinem Mann versprochen, dass ich heute mal pünktlich nach Hause komme, denn wir waren seit Monaten nicht mehr zusammen essen, und er wünscht sich wirklich sehr, dass wir das mal wieder machen. Und wir hatten eh gerade Stress miteinander, da wäre es echt nicht gut, wenn ich schon wieder zu spät komme. Also, sorry, wirklich – beim nächsten Mal wirklich gern, aber diesmal geht's eben nicht." Uff – haben Sie jetzt auch 'nen Blumenkohl am Ohr?

Ich bitte Sie inständig: Lassen! Sie! Das! Hören Sie auf, Ihre eigenen Entscheidungen mit diesem ganzen Laberrhabarber zu verwässern. Sie machen sich damit so was von klein – und ganz ehrlich: Nach diesem ganzen Gewäsch braucht es doch nur noch einen flehenden Blick des Kollegen – und schwupps, hat er Sie wieder mit der Nettigkeitsfliegenklatsche platt gemacht.

Hören Sie auf, Ihre eigenen Entscheidungen zu verwässern.

Warum machen wir so einen Blödsinn? Tja, auch hier kommen wir wieder zu den Glaubenssätzen und dem dummen Gedicht mit dem bescheidenen Veilchen: Es ist die Angst davor, als egoistisch zu gelten. Als selbstsüchtig. Und natürlich die Angst, dass man uns nicht mehr mag. Wenn Sie die Übungen zu den Glaubenssätzen gemacht haben und für sich schöne Erlauber gefunden haben, können Sie Ihrer Liste diesen Erlauber noch hinzufügen: „Ich darf Nein sagen – und zwar ohne Begründung."

Wenn Sie merken, dass Sie wieder mal in einer unsäglichen Erklärungsschleife abdriften, halten Sie inne (das können Sie jetzt!), atmen Sie einmal tief ein und aus und setzen Sie hinter Ihr „Ich möchte dir jetzt nicht mehr weiter zuhören" oder „Ich möchte Sie bitten, mich mit Respekt zu behandeln" einen ganz deutlichen Punkt – und halten Sie danach um Himmelswillen Ihre Klappe. Ich weiß, dass das am Anfang schwer auszuhalten ist. Dennoch: Probieren Sie es aus – und beobachten Sie Ihr Gegenüber gut. Ich habe mich schon so manches Mal diebisch über den perplexen Gesichtsausdruck meines Gegenübers gefreut, wenn ich ganz klar und deutlich Nein gesagt habe – ganz ohne Schwafelei. Es lohnt sich!

Lieber face-to-face als schriftlich

Ich gebe es zu: Früher habe ich Auseinandersetzungen sehr viel lieber schriftlich geführt als direkt von Angesicht zu Angesicht. Es erschien mir sehr viel leichter, meine Gedanken in Worte zu fassen und sie dann abzuschicken, als mich direkt in den Konflikt zu begeben – hinter so einer Mail kann man sich schließlich auch prima verstecken … Doch das ging leider meistens ganz gewaltig in die Hose – in einem Fall hat mich das sogar fast eine sehr wertvolle Freundschaft gekostet. Ich tappe noch heute manchmal in diese Falle und ärgere mich dann ganz gewaltig darüber, dass eine eigentlich harmlose Diskussion auf einmal total aus dem Ruder läuft. Siehe Facebook – mittlerweile klebt an meinem Bildschirm ein Zettel: „Keine Kommentare bei Facebook lesen und selbst kommentieren!" Kommt Ihnen vielleicht bekannt vor.

Eine eigentlich harmlose Diskussion, schriftlich geführt, kann total aus dem Ruder laufen.

Warum entstehen bei einer rein schriftlichen Kommunikation sehr viel schneller Missverständnisse als im persönlichen Gespräch? Dafür gibt es mehrere Gründe:

1. Wenn Sie sich mit jemandem schriftlich streiten (ob per Mail, im Messenger, bei WhatsApp, per Brief), fehlen gleich mehrere ganz wichtige Komponenten, unter anderem Mimik, Gestik, Körperhaltung und Tonfall. Daraus ziehen wir in einem persönlichen Gespräch aber sehr viele zusätzliche Infos, beispielsweise über den emotionalen Zustand unseres Gegenübers. Auch Ironie ist im schriftlichen Austausch oft nicht gut zu verstehen. Schriftliche Botschaften können wir ohne die wichtigen Zusatzinformationen, die wir aus der nonverbalen Kommunikation ziehen, kaum deuten. Der Wissenschaftler Joseph P. Forgas sagt sogar, dass eine erfolgreiche soziale Interaktion ohne die Fähigkeit, nonverbale Botschaften zu senden und zu empfangen, gänzlich unmöglich ist. Da helfen auch keine Emojis, denn auch die sind nicht eindeutig.

2. Oft haben wir das Gefühl, auf Mails und andere Textnachrichten ganz besonders schnell antworten zu müssen. Tja, und zack haben wir etwas Unüberlegtes geschrieben, das wir nicht mehr zurückholen können.
3. Da wir unser Gegenüber nicht sehen, sind wir deutlich hemmungsloser in unseren Äußerungen. Ich versuche manchmal, mir Auseinandersetzungen bei Facebook als realen Austausch vorzustellen – und bin sicher, dass dann deutlich weniger gebissen und gebellt würde. „Sie sind ein blödes Arschloch!“ schreibt sich eben leichter, als es sich spricht.
4. Ich habe die Erfahrung gemacht, dass ein schriftlicher Streit deutlich öfter eskaliert als ein Streitgespräch, bei dem man sich in die Augen sieht – oder sich zumindest hört. Wir sind nachsichtiger miteinander, wenn wir uns sehen.

Also, auch wenn es schwerfällt: Suchen Sie den direkten Kontakt mit demjenigen, mit dem Sie sich auseinandersetzen wollen, und werfen Sie nicht nur einen Zettel in den Briefkasten des Nachbarn, dass „die Musik mal wieder viel zu laut war, ihr Schwachmaten“!

> Suchen Sie den direkten Kontakt mit demjenigen, mit dem Sie sich auseinandersetzen wollen.

Wenn nichts mehr geht: Ab durch die Mitte!

Machen wir uns nichts vor – es wird immer wieder Situationen geben, die so verstörend sind, dass auch ein kurzes Innehalten nicht hilft. Da braucht es eine längere Pause, bis man wieder einen klaren Gedanken fassen kann – oder einen kompletten Schnitt machen muss.

Sie haben in diesem Buch vieles an die Hand bekommen, damit Sie sich Schritt für Schritt aus der Nettigkeitsfalle befreien können. All diese Übungen sorgen dafür, dass Sie sich intensiv mit sich beschäftigt haben und es vermutlich (oder hoffentlich) immer wieder tun werden. Und ich bin ganz sicher, dass sich dadurch auch in Ihrem

Umfeld vieles verändern wird. Es wird aber Menschen geben, die sind Idioten und bleiben das auch – egal wie sehr Sie an Ihren Glaubenssätzen gearbeitet haben, sich darum bemühen, alle vier Seiten der Nachricht zu vermitteln und Punkte am Ende eines Satzes zu machen.

Ich kenne solche Zeitgenossen auch – und erinnere mich mit Schrecken (und nach wie vor einer gehörigen Portion Wut) an den Bauunternehmer, den ich letztendlich nur noch angeschrien habe, weil er einfach nie, wirklich nie das gemacht hat, was wir besprochen hatten. Leider konnten wir ihn nicht einfach zum Teufel jagen, denn Bauunternehmen waren zu dem Zeitpunkt rar („Tja, dann beauftragen Sie eben wen anders – bin ich ja mal gespannt, ob Sie wen finden. Harharhar!“). Ich habe dann jegliche Kommunikation mit diesem Mann eingestellt – die musste mein Mann übernehmen – und habe nur noch mit dem zum Glück ausgesprochen netten Vorarbeiter kommuniziert.

Geben Sie nicht sofort auf, wenn Sie aber merken, da ist Hopfen und Malz verloren, erlauben Sie sich, das Weite zu suchen.

Ich bin immer dafür, nicht sofort aufzugeben, weil ich schon so oft gesehen habe, wie sich das Blatt wenden kann, wenn man sein eigenes Verhalten ändert. Wenn Sie aber merken, da ist Hopfen und Malz verloren – erlauben Sie sich selbst, das Weite zu suchen. Auch das ist ein Weg aus der Nettigkeitsfalle!

Ein bisschen Spaß muss sein – Humor als Puffer

Eine Aufgabe für Sie: Ziehen Sie los, kaufen Sie sich eine rote Clownsnase und eine wassersprühende Blume. Setzen Sie die rote Nase auf, sobald Sie sich in einer Situation befinden, in der Sie der Nettigkeitsfalle entfliehen wollen, und machen Sie Ihr Gegenüber mit der Blume nass. Dann rufen Sie laut: „Ätsch!“

Blöde Idee, finden Sie? Na gut – ich auch. Dennoch begegne ich immer wieder Menschen, die denken, Humor hätte ausschließlich was mit Clownerie zu tun. Dabei ist Humor auf so viele Weisen so ausgesprochen hilfreich – ich könnte ein ganzes Buch damit füllen! Da meine Seitenzahl aber begrenzt ist, kann ich Ihnen hier nur ein paar wenige Aspekte dieses umfangreichen Themas an die Hand geben, die ich mir aus dem empfehlenswerten Buch „Am Ende ist nicht Schluss mit lustig“ von Harald-Alexander Korp abgeguckt habe. In dem Buch geht es eigentlich darum, wie man dem Tod mit Humor den Schrecken nehmen kann, es bietet aber auch hervorragende Grundlagen zu unserem Thema.

Wie Humor Ihnen helfen kann, aus der Nettigkeitsfalle zu klettern:

- Er sorgt dafür, dass Sie auf spielerische Weise auf Distanz zu Ihrer eigenen Situation gehen können, denn: Humor klappt nur, wenn wir eine Situation von außen betrachten und die Perspektive wechseln.
- Er schafft Distanz zum eigenen Ich – und sorgt so dafür, dass wir auch über uns selbst lachen können.
- Durch den humorvollen Umgang mit einer Situation können wir uns von Regeln und Konventionen lösen – in diesem Fall vom Lieb-und-nett-Sein.
- Humor macht uns gelassener.

Der Lyriker Joachim Ringelnatz hat das mal so formuliert: „Humor ist der Knopf, der verhindert, dass einem der Kragen platzt.“

Statt also den Kollegen anzubrüllen, dass er seine dämlichen Unterlagen nicht immer auf Ihrem Schreibtisch ablegen und sich verdammt noch mal endlich zum Teufel scheren soll, könnten Sie ihm sagen: „Ja, klar – du kannst gerne meinen Schreibtisch mitbenutzen. Ich mach jetzt eh Feierabend.“
Der Freundin, die Ihnen ganz unverblümt sagt, dass Sie auf dem Foto ja echt mal richtig nett aussehen, könnten Sie entgegnen: „Ja, stimmt. Sonst seh ich ja auch eher aus wie der Glöckner von Notre-Dame.“

Dem Schwiegervater, der zum hundertsten Mal an Ihrem Essen rummeckert, werfen Sie nicht den Teller vor die Füße, sondern schlagen ihm vor, dass „es morgen einfach Erdbeeren mit Rasierschaum gibt".

Gleiten Sie nicht in den Sarkasmus ab. Mit einem zynischen Kommentar machen Sie die Sache oft eher schlimmer als besser.

Aber Achtung – gleiten Sie nicht in den Sarkasmus ab. Mit einem zynischen Kommentar machen Sie die Sache oft eher schlimmer als besser. Und wenn Ihnen die humorvolle Variante nicht liegt, dann lassen Sie sie entweder ganz weg oder üben Sie erst mal vorsichtig damit. Das Gute ist: Humor kann man lernen! Googeln Sie mal „Workshop Humor" – ich bin sicher, Sie werden passende Angebote finden.

Töten durch Umarmen

Zu guter Letzt will ich Ihnen noch diese Selbstverteidigungsvariante präsentieren – auch diese ist (wie der Humor) nicht für jedermann geeignet, lohnt aber eine nähere Betrachtung. Nein, keine Sorge – ich will nicht, dass Sie sich in einen Sumo-Ringer verwandeln und sich mithilfe einer todbringenden Umarmung aus der Nettigkeitsfalle befreien. Bei dieser Methode geht es darum, mithilfe überbordender Freundlichkeit zu verhindern, dass man selbst total ausflippt. Es geht auch ein Stück weit um Schlagfertigkeit, die ich nicht immer als zielführend empfinde – schließlich ist das Wort „schlagen" darin enthalten und meine Erfahrung ist, dass das meistens nicht zur eigenen Weiterentwicklung oder Klärung eines Konflikts beiträgt. Manchmal geht es aber nicht anders. Ich habe Ihnen dafür ein sehr hübsches Beispiel mitgebracht:

Eine Freundin von mir, nennen wir sie hier einfach mal Nina, arbeitete viele Jahre in einer gehobenen Management-Position. Nina war sehr ehrgeizig, hat ihr duales Studium in Nullkommanix und mit Bestnoten durchgezogen und ist entsprechend jung in diese Position aufgestiegen. Studiert hat sie übrigens Wirtschaftsinformatik. Und Sie ahnen es bereits: Sie war nicht nur vergleichsweise jung, sondern auch noch eine Frau unter vielen Männern in ihrer Firma.

Die folgende Szene ereignete sich, als sie noch relativ neu im Job war: Sie war zu einer Besprechung dazugebeten worden, um ihre Sicht der Dinge zu einer Neuentwicklung der Firma darzustellen. Nina – schick, aber eher sportlich gekleidet – betrat den Besprechungsraum, lächelte freundlich in die Runde, wollte sich gerade setzen, da trat einer der Herren zu ihr mit den Worten „Könnten Sie mir bitte einen Kaffee bringen?"

Was tat meine Freundin Nina? Sie lächelte freundlich, sagte „Natürlich", brachte dem Herrn seinen Kaffee und sich selbst gleich auch einen mit, setzte sich in aller Ruhe und unter den irritierten Blicken des Kollegen an den Besprechungstisch – und genoss dessen völlig entgeisterten Gesichtsausdruck, als der Chef die Besprechung mit den Worten eröffnete: „Wir freuen uns, dass unsere neue und ausgesprochen kompetente Kollegin Nina T. heute bei uns ist, um uns noch auf die eine oder andere Schwachstelle unserer Neuentwicklung aufmerksam zu machen."

Was ist hier passiert? Nina hat den Kollegen auflaufen lassen – und zwar sehr gekonnt, wie ich finde, und ohne ihn offen bloßzustellen. Das ist eine Gabe, die nicht jeder hat – und die erstens einen ganzen Haufen Selbstdisziplin erfordert, und zweitens auch die Fähigkeit, ganz lässig aus sich herauszutreten und die Situation von außen zu betrachten. Ähnlich wie beim Humor.

Steigen Sie sanft in die Selbstverteidigung durch Kommunikation ein.

Mein Tipp: Steigen Sie sanft in die Selbstverteidigung durch Kommunikation ein. Im Karate können Sie auch nicht vom weißen zum schwarzen Gürtel springen – da gibt es viele Zwischenstufen, die Sie (Sie ahnen es!) nur mit einem guten Training und viel Üben nach und nach erklimmen können. Ich wünsche Ihnen viel Erfolg dabei!

DANKE FÜR IHRE AUFMERKSAMKEIT!

Säßen Sie jetzt in einem meiner Workshops, würde ich Ihnen genau das sagen: Danke fürs Zuhören und Mitmachen. Dann würde ich noch ein Feedback bei Ihnen einholen und Sie zum Schluss dazu ermuntern, am Ball zu bleiben. Das mit dem Feedback wird etwas schwierig, aber die Sache mit den freundlichen Worten – das kann ich auch hier!

Also, liebe Leserin, lieber Leser! Wie wunderbar, dass Sie bis hierhin gekommen sind! Selbst wenn Sie das eine oder andere Kapitel übersprungen und nicht alle Übungen absolviert haben sollten, sage ich: herzlichen Glückwunsch, denn Sie haben sich entschieden, dass Sie etwas in Ihrem Leben ändern möchten – und mit dem Lesen dieses Buches haben Sie bereits einen ordentlichen Schritt geschafft und konnten vielleicht schon etwas bei sich verändern. Das würde mich wirklich sehr freuen!

Auch wenn ich es im Lauf des Buches schon oft gesagt habe, will ich es hier noch einmal wiederholen: Haben Sie bitte Geduld mit sich. So eine Verhaltensänderung braucht ihre Zeit, und je ungeduldiger Sie mit sich sind, desto mehr zieht sich der Prozess in die Länge. Also: Eile mit Weile, wie mein Papa gerne sagt (und mich damit früher in den Wahnsinn getrieben hat – aber: Er hat eben Recht damit).

Dieses Buch ist kein One-Night-Stand, sondern eine Langzeitbeziehung, sprich: Sie schleichen sich nach dem Lesen nicht heimlich raus, sondern werden es vermutlich immer mal wieder zur Hand nehmen, das eine oder andere Kapitel noch mal lesen und manche Übungen ein zweites Mal machen oder sie nachholen.

Vielleicht haben Sie bei bestimmten Themen gemerkt, dass Sie mehr Informationen brauchen. Dafür habe ich alle Bücher, die ich als Grundlage für dieses Buch genutzt habe, noch einmal in der Literaturliste im Anhang aufgeführt. Die Titel sind von mir also auf Herz und Nieren geprüft und für gut befunden worden.

Sie werden auch gemerkt haben, dass ich die Zeitschrift „Psychologie heute" sehr schätze – auch diese möchte ich Ihnen hier noch einmal ans Herz legen, denn Sie finden darin Monat für Monat sehr gut geschriebene und auch für Laien verständliche Artikel zu den unterschiedlichsten Themen.

In Schleswig-Holstein würde ich jetzt einfach sagen: „Denn man tau!" – das ist Plattdeutsch und bedeutet: „Dann mal los!" Ich wünsche Ihnen alles Gute auf Ihrem Weg raus aus der Nettigkeitsfalle! Und sollten Sie Lust haben, mir ein Feedback zu geben, schicken Sie mir gern eine Mail: nele.suess@suesskommunikation.de

Ihre
Nele Süß

LITERATURTIPPS

Barbara Berckhan: Wie Sie anderen den Stachel ziehen, ohne sich zu stechen. Mit schwierigen Menschen gut auskommen. München 2012.

Ernst Bohlmeijer/Monique Hulsbergen: Im Augenblick leben. In 9 Wochen zu mehr Achtsamkeit mit der Akzeptanz- und Commitmenttherapie. Mit Online-Materialien. Weinheim/Basel 2015.

Martin Boroson: One Moment Meditation. Stille in einer hektischen Welt. Reinbek bei Hamburg 2015.

Dr. Claudia Croos-Müller: Kopf hoch. Das kleine Überlebensbuch. Soforthilfe bei Stress, Ärger und anderen Durchhängern. München 2011.

Richard Davidson/Sharon Begley: Warum regst du dich so auf? Wie die Gehirnstruktur unsere Emotionen bestimmt. München 2016.

Sabine Dinkel: Krebs ist, wenn man trotzdem lacht. Wie ich von heute auf morgen Krebs hatte und wieder zu neuem Lebensmut fand. Hannover 2016.

Christian Peter Dogs/Nina Poelchau: Gefühle sind keine Krankheit. Warum wir sie brauchen und wie sie uns zufrieden machen. Berlin 2017.

Gerlinde Ruth Fritsch: Der Gefühls- und Bedürfnisnavigator. Gefühle und Bedürfnisse wahrnehmen. Eine Orientierungshilfe für Psychosomatik- und Psychotherapiepatienten. Paderborn 2012.

Gerlinde Ruth Fritsch: Praktische Selbst-Empathie. Herausfinden, was man fühlt und braucht. Gewaltfrei mit sich selbst umgehen. Paderborn 2012.

Ulrich Hoffmann: One, two, free. Kleine Yoga-Pausen für sofort und überall. München 2016.

Tom Holmes/Laurie Holmes: Reisen in die Innenwelt. Systemische Arbeit mit Persönlichkeitsanteilen. München 2013.

Gerald Hüther: Was wir sind und was wir sein könnten. Ein neurobiologischer Mutmacher. Frankfurt a. M. 2013.

Jon Kabat-Zinn: Im Alltag Ruhe finden. Meditationen für ein gelassenes Leben. München 2015.

Harald-Alexander Korp: Am Ende ist nicht Schluss mit lustig. Humor angesichts von Sterben und Tod. Gütersloh 2014

Linda Lehrhaupt/Petra Meibert: Stress bewältigen mit Achtsamkeit. Zu innerer Ruhe kommen durch MBSR. München 2010.

Kristin Neff: Selbstmitgefühl. Wie wir uns mit unseren Schwächen versöhnen und uns selbst der beste Freund werden. München 2012.

Werner Rautenberg/Rüdiger Rogoll: Werde, der du werden kannst. Persönlichkeitsentfaltung durch Transaktionsanalyse. Freiburg i. Br. 2014.

Marshall B. Rosenberg: Gewaltfreie Kommunikation. Eine Sprache des Lebens. Junfermann 2016

Mechthild R. von Scheurl-Defersdorf: In der Sprache liegt die Kraft. Klar reden, besser leben. Freiburg i. Br. 2016.

Mechthild R. von Scheurl-Defersdorf: Sieben Tage achtsam sprechen. Das kreative Mitmach-Heft. Freiburg i. Br. 2017.

Mechthild R. von Scheurl-Defersdorf: Die Kraft der Sprache. 80 Karten für den alltäglichen Sprachgebrauch. Erlangen 2015.

Friedemann Schulz von Thun: Miteinander reden 1–4: Störungen und Klärungen/Stile, Werte und Persönlichkeitsentwicklung/Das Innere Team und situationsgerechte Kommunikation/Fragen und Antworten. Hamburg 2014.

Maja Storch/Benita Cantieni/Gerald Hüther/Wolfgang Tschacher: Embodiment. Die Wechselwirkung von Körper und Psyche verstehen und nutzen. Bern 2017.

Ursula Wawrzinek: Vom Umgang mit sturen Eseln und beleidigten Leberwürsten. Wie Sie Konflikte kreativ lösen. Stuttgart 2018.

Meike Winnemuth: Das große Los. Wie ich bei Günther Jauch eine halbe Million gewann und einfach losfuhr. München 2014.

Ich mach mir die Welt, wie sie mir gefällt ...

- Topthema: Endlich selbstbestimmt leben – nie mehr alles recht machen
- Praktisch und kompetent: Benita Feller ist Heilpraktikerin für Psychotherapie und erzählt authentische Geschichten aus ihrer Praxis
- Die Autorin hat eine eigene Technik, die Blasentechnik, entwickelt, die einfach und effektiv hilft

Stand 2019. Änderungen vorbehalten.

Benita Feller • Michael Brepohl

Lebe lieber selbstbestimmt

224 Seiten
14,5 x 21,5 cm, Softcover
ISBN 978-3-86910-411-9
€ 19,99 [D] / € 20,60 [A]

Der Ratgeber ist auch als eBook erhältlich.

Stress lass nach!

- Modernes Stress-Management: zahlreiche Übungen für den Alltag, ohne zusätzlichen Zeitaufwand
- wingwave®: die bewährte und erprobte Erfolgsmethode für mehr Energie und Gelassenheit
- Stress-Auslöser erkennen, Auswirkungen spürbar reduzieren

Stand 2019. Änderungen vorbehalten.

Cora Besser-Siegmund • Lola-Ananda Siegmund

Work-Health Balance

192 Seiten
14,5 x 21,5 cm, Softcover
ISBN 978-3-86910-515-4
€ 19,99 [D] / € 20,60 [A]

Der Ratgeber ist auch als eBook erhältlich.

humboldt
...bringt es auf den Punkt.

Den inneren Kritiker entwaffnen

- Der Ratgeber für alle, die endlich selbstbewusster auftreten möchten
- Mit vielen authentischen Fallbeispielen
- Lösungsorientiert und individuell: das 10-Schritte-Programmm für einen positiven Umgang mit sich selbst
- Maximales Verständnis für den Leser: mit ergänzenden Videos des Autors per QR-Code

Lukas Rick

Selbstwertgefühl steigern

192 Seiten
14,5 x 21,5 cm, Softcover
ISBN 978-3-86910-410-2
€ 19,99 [D] / € 20,60 [A]

Der Ratgeber ist auch als eBook erhältlich.

Stand 2019. Änderungen vorbehalten.

Mein Leben selbst gestalten ...

- Schlüssiges neues Konzept: in einfachen Schritten ungeliebte, fest verankerte Prägungen verändern
- Kurze Meditationen – alltagstauglich!
- Eine einmalige Verbindung von altbewährten Meditationstechniken mit modernen Methoden zur Veränderung unserer Prägungen

Axel Kranz

Ich coache mein Unterbewusstsein

176 Seiten
14,5 x 21,5 cm, Softcover
ISBN 978-3-86910-416-4
€ 19,99 [D]/€ 20,60 [A]

Der Ratgeber ist auch als eBook erhältlich.

Stand 2019. Änderungen vorbehalten.

humboldt
...bringt es auf den Punkt.

Schlagfertig und leise …

- Perfekt für alle Introvertierten, die sich nicht verstellen möchten
- Praxiserprobtes Konzept, alltagstaugliche Tipps
- Autorin ist „Sichtbarkeits-Coach" mit viel Erfahrung
- Mit sieben starken Regeln für mehr Präsenz

Natalie Schnack

Leise überzeugen

184 Seiten
14,5 x 21,5 cm, Softcover
ISBN 978-3-86910-500-0
€ 19,99 [D]/€ 20,60 [A]

Der Ratgeber ist auch als eBook erhältlich.

Stand 2019. Änderungen vorbehalten.

ist kein Widerspruch!

- Selbstzweifel endlich überwinden und souveräner wirken
- Sicheres Auftreten leicht gemacht: Sogar die Körpersprache und die eigene Stimme lassen sich problemlos trainieren
- Mit vielen Übungen und wertvollen Tipps für ein selbstbewusstes Leben

Stand 2019. Änderungen vorbehalten.

Ann-Christin Baßin

Sicheres Auftreten

184 Seiten
11,8 x 17,0 cm, Softcover
ISBN 978-3-86910-478-2
€ 12,99 [D]/€ 13,40 [A]

Der Ratgeber ist auch als eBook erhältlich.

humboldt
...bringt es auf den Punkt.

Bibliografische Information der Deutschen Nationalbibliothek
Die Deutsche Nationalbibliothek verzeichnet diese Publikation in der Deutschen Nationalbibliografie; detaillierte bibliografische Daten sind im Internet über http://dnb.ddb.de abrufbar.

ISBN 978-3-86910-680-9 (Print)
ISBN 978-3-86910-681-6 (PDF)
ISBN 978-3-86910-682-3 (EPUB)

Originalausgabe

© 2019 humboldt
Eine Marke der Schlüterschen Verlagsgesellschaft mbH & Co. KG,
Hans-Böckler-Allee 7, 30173 Hannover
www.schluetersche.de
www.humboldt.de

Autorin und Verlag haben dieses Buch sorgfältig erstellt und geprüft. Für eventuelle Fehler kann dennoch keine Gewähr übernommen werden. Weder die Autorin noch der Verlag können für eventuelle Nachteile oder Schäden, die aus den im Buch vorgestellten Übungen und praktischen Hinweisen resultieren, eine Haftung übernehmen.
Alle Rechte vorbehalten. Das Werk ist urheberrechtlich geschützt. Jede Verwertung außerhalb der gesetzlich geregelten Fälle muss vom Verlag schriftlich genehmigt werden.

Lektorat: Linda Strehl, München
Covergestaltung: ZERO, München
Covermotiv: ZERO Werbeagentur, München, Shutterstock – Forest Foxy
Satz und Grafiken: PER Medien+Marketing GmbH, Braunschweig
Druck und Bindung: gutenberg beuys feindruckerei GmbH, Langenhagen